有料更有趣的朝代史

4 秦并天下

王光波 编著

浙江工商大學出版社
ZHEJIANG GONGSHANG UNIVERSITY PRESS
·杭州·

图书在版编目(CIP)数据

秦史 / 王光波编著 . —杭州:浙江工商大学出版社,2022.1(2024.1重印)
(有料更有趣的朝代史 / 胡岳雷主编)
ISBN 978-7-5178-3861-6

Ⅰ.①秦… Ⅱ.①王… Ⅲ.①中国历史—秦代—通俗读物 Ⅳ.① K233.09

中国版本图书馆 CIP 数据核字(2020)第 083063 号

秦 史
QIN SHI

王光波 编著

责任编辑	张晶晶
封面设计	吕丽梅
责任印制	包建辉
出版发行	浙江工商大学出版社 (杭州市教工路 198 号 邮政编码 310012) (E-mail: zjgsupress@163.com) (网址: http://www.zjgsupress.com) 电话:0571-88904980,88831806(传真)
排　　版	北京东方视点数据技术有限公司
印　　刷	唐山富达印务有限公司
开　　本	787mm×1092mm 1/32
印　　张	28
字　　数	594 千
版 印 次	2022 年 1 月第 1 版　2024 年 1 月第 3 次印刷
书　　号	ISBN 978-7-5178-3861-6
定　　价	198.00 元(全四册)

版权所有　侵权必究
如发现印装质量问题,影响阅读,请和营销与发行中心联系
联系电话　0571-88904970

目录

第一章 嬴政出世：青年人的铁腕之治
 商人的眼光 _ 003
 吕不韦的投资 _ 008
 异人回国了 _ 013
 商人成了相国 _ 018
 吕不韦的对外战争 _ 023
 十二岁的小丞相 _ 028
 这个女人不简单 _ 033
 秦王政权力在手 _ 037
 不是所有人都是坏人 _ 043
 小肚量害死人 _ 048

第二章 天下一统：再创一个完美世界
 准备各个击破 _ 055
 小韩扛不住了 _ 060
 找来燕国帮帮忙 _ 065
 老赵这个亲戚算完了 _ 070
 魏国无力回天了 _ 075
 半路上摔了一跤 _ 080
 再见吧楚国 _ 085
 刺秦其实是出闹剧 _ 090

躲到辽东也要打 _ 095

最后一仗没有放过你 _ 100

终于统一了 _ 105

第三章 帝国辉煌：真想再活五百年

百越歇菜了 _ 113

匈奴有了恐秦症 _ 118

皇帝生活面面观 _ 123

不死药在哪里 _ 128

焚书坑儒 _ 132

博浪沙遇刺案 _ 137

始皇的后事 _ 142

赵高的计谋 _ 147

蒙氏兄弟很无辜 _ 152

第四章 大秦覆灭：鼓角争鸣葬旧人

大泽乡起义 _ 159

项梁挑起革命重担 _ 165

斩白蛇起义 _ 170

李斯之死 _ 175

指鹿为马露真容 _ 180

章邯破陈胜 _ 185

项梁的出击 _ 191

牧羊人的春秋梦 _ 196

大战在即 _ 201

章邯跳槽 _ 206

死是最好的安排 _ 211

最后的清场 _ 216

第一章

嬴政出世：青年人的铁腕之治

商人的眼光

一个商队行出赵国邯郸,满载的货物显示着此次出行收获颇丰。众人脸上都带着笑容,似乎在憧憬着以后的美好生活。但这种喜悦却丝毫没有感染商队的主人——吕不韦。吕不韦在思考,由这个思考所做出的决定将彻底改变他一生的道路。

吕不韦,卫国濮阳(今河南濮阳)人。他出身于商人家庭,从小耳濡目染,跟随父亲学着经商。加之,吕不韦很有经商的天赋,他"往来贩贱卖贵",很快便"家累千金",甚至有超过父亲的势头。

这"贩贱卖贵"四字是经商的最根本要诀,也是人人都知道的常识。便宜买来,然后高价卖出,赚得其中的差额。说起来很简单,却不是那么容易做到。世上商人千千万,但真正越做越大,做成功的却是寥寥可数,吕不韦是其中之一。他经过一次次的"贩贱卖贵",慢慢积累起资金和经验,成为一代名商。

当然,在这一次次具体的商业交易中,很多事情不是"贩贱卖贵"这简单四个字就能解决的。商人需要有独特的眼光、敏锐的触觉、快捷的行动力,能在广大的市场中发现商机,并且快速做出决断,真正落到实处。

吕不韦身上具备优秀商人应该有的品质。也就是这种独到的思维与见解,让他在这次邯郸之行时,发现了新的"商机"。这个"商机"之大,远远超出之前他所做过的所有买卖。同样,任何事情都有两面性,这个"商机"的危险程度也是难以想象的。事情如果做成了当然是好,它能让一个地位并不高的商人翻开人生辉煌的一篇,而一旦事情落败,将可能使得吕不韦倾家荡产,攸关生死,甚至牵连整个家族。

对于如此重大的事情,吕不韦要与家人商讨一下。到家后,吕不韦将自己一路深思熟虑所下的决断说与父亲,并试图让父亲同意自己。他问父亲:"耕田之利几倍?"父亲回答"十倍"。之后,他又以百倍利益的珠宝来问父亲,当把父亲的心理位置调到一定高度时,打出了关键:"立国家之主。"相对于成为一国之主来说,种田、贩卖珠宝只是小打小闹,仅仅为满足自己的口腹。而一旦成为一国之主,所谓普天之下,莫非王土;率土之滨,莫非王臣,全天下都是自己的了,自己想获得多少利润,就能获得多少。

如此一番言论,还并不足以打动父亲。吕不韦打出了另一张牌:"今力田疾作,不得暖衣余食;今建国立君,泽可以遗世。愿往事之。"现在,我即使努力耕田,勤奋劳作,依然不能达到衣食无忧,而现在有一个机会来拥立国君,就可以光宗耀祖,恩泽于后世的子子孙孙。吕不韦想要成名成业的信念非常强大。不管是长江后浪推前浪也好,还是儿孙翅膀已长成,吾已老矣也好,对于吕不韦的决定,父亲未置可否。

此时,远在赵国的邯郸,与吕不韦父子谈话密切相关的人,吕不韦眼中的大"商机"——异人——秦王庶出的孙子正处于生活窘迫,饱受煎熬中。

秦国的太子于秦昭襄王四十年（前267）死在魏国，两年后，也就是秦昭襄王四十二年（前265），秦王立次子安国君，也就是异人的父亲为太子。安国君有二十多个儿子，异人排行居中，其母亲叫夏姬，在安国君后宫众多女人中，不受宠爱，也没有什么地位。

异人处在这样的一种情况，注定了他的不受重视。不但如此，一碰到什么不好的事，别人都会推到他头上。他被送到赵国当人质。作为人质，异人没有人身自由，处处受制于人，同时要时时刻刻担心自己的脑袋会不会掉下来。

祸不单行，偏偏在异人做人质的时候，秦国多次攻打赵国。于是，赵国人对异人的态度可想而知了。虽然也是王子，但异人无疑是最不像王子的一位王子。不说日常出行他没有什么象征自己身份和地位的车架与随行人员，就连日常用的财物都不充足。经济基础决定上层建筑。在连吃饭、穿衣都成问题的情况下，异人如何能维持王子的形象，更不用说要成为一代王者了。

吕不韦见到异人后，认为此人"奇货可居"。他去拜见异人，对异人说："吾能大子之门。"意思是，"你想光大自己的门庭，不再像现在这样使自己受控于他人。我能帮你达到这个愿望"。显然，作为一个社会地位不是很高的商人，吕不韦并没有得到异人的重视。甚至，异人认为吕不韦就是个笑话："且自大君之门，而乃大吾门！"你连自己的门庭都没有光大呢，还是等你把自己的事情解决了，再来说光大我的门庭吧。

吕不韦这人很会识人眼色，当然看出异人没把他当回事。他并不气馁，也不灰心。经过无数次的商场战斗，他已经学会了等待、忍耐，就像一头狩猎的狮子，随时观察，找到对方的致命之处后，一击而毙。吕不韦顺着异人的话："子不知也，吾门待子门而大。"你可能不了解我的情况，我的门庭需要仰仗你的门庭壮大而壮大。每一个商人都希望提高自己的社会地位，但这不是花钱就能买到的，需要去依仗政客来拔高自己。吕不韦和异人，一个有钱没地位，一个有良好的出身而没钱，两人就如左膀右臂，少了哪一个，也不能达成自己的事业。

异人自然也清楚这种状况，凭现在的自己，如果没有助力，尤其是钱财方面，将寸步难行，也很难在政治上有所发展。吕不韦或许就是他失掉的臂膀。他拉吕不韦坐下来，准备深入了解一下眼前的这个人。

吕不韦为他分析了现在的局势："秦王老矣，安国君得为太子。窃闻安国君爱幸华阳夫人，华阳夫人无子，能立适嗣者独华阳夫人耳。今子兄弟二十余人，子又居中，不甚见幸，久质诸侯。即大王薨，安国君立为王，则子毋几得与长子及诸子旦暮在前者争为太子矣。"秦王已经老了，你父亲安国君是太子。而听说安国君非常宠爱华阳夫人，什么都听她的。而华阳夫人没有儿子，将来安国君登上王位后，对选太子起决定作用的就是华阳夫人了。异人你在众多兄弟中不受宠，还被远远发配到赵国来当人质。假如秦王百年后，你父亲登基。而你远在赵国，远水解不了近渴，你还能指望那些一直在秦王身边的兄弟争夺太子之位吗？

吕不韦切中要点，异人深以为是，问："为之奈何？"那怎么办呢？自己的状况自己清楚，无奈身处此种境地，他也曾苦思过对策，仍是没有更好的出路，他希望吕不韦能给他指明一条新的道路。

吕不韦也确实有备而来："子贫，客于此，非有以奉献于亲及结宾客也。不韦虽贫，请以千金为子西游，事安国君及华阳夫人，立子为适嗣。"他从自己的角度出发分析，异人没钱，而他有钱。如果想要成为嗣子，就需要获得更多的支持者。让别人支持，不是凭你三寸不烂之舌，或者是成为太子后怎样，一些子虚乌有的承诺就能打动人，让人为你卖命的。不投其所好，送点礼物、钱财什么的，谁愿意跟着你？吕不韦说话很有技巧，"虽贫"二字，不张扬，不骄傲，没有一般商人的财大气粗，也不会让异人难做。同时，他也向异人表明了决心与忠心：我没有太多钱，但我愿意拿出所有来支持你。如此，吕不韦轻松取得了异人的信任与肯定。

吕不韦还献计：自己拿出可以用于去秦国游说的经费，孝敬安国君和华阳夫人这两位关键人物。这对异人有很大的帮助。异人对此做出感谢，也适时表明态度："必如君策，请得分秦国与君共之。""既然你忠心为我，我也不会亏待你的，事成之后，我与你共享秦国。"

吕不韦见自己的目的已经达到，拿出五百金给异人，用于日常支出和结交宾客所用。另外，又拿出五百金购买一些珍奇玩物，自己带着去了秦国。从此，吕不韦从商界跨入政界，在历史舞台上发挥他的作用。

吕不韦看中异人"奇货可居"，纯粹是以商人的眼光。商人的眼光就在于能找到可以投资的东西。这种商人的特质在吕不韦身上尤为明显。并且，当他发现可以投资的东西时，会敢于去尝试，敢于去冒这个风险。风险有多大，收获就有多大。吕不韦和异人的这番交接，也将使历史重新改写。

吕不韦的投资

吕不韦已经不仅仅满足于混迹商界，作为一个商人，他有比任何人都大的野心，也有比任何人都灵敏的赚钱嗅觉。当那个在赵国过着尴尬处境的秦国公子异人被吕不韦发现时，吕不韦立即从他身上嗅到了一股钱的味道。于是，吕不韦便在他身上大大地投资了下去。

给予异人的生活费，结交宾客以及混迹拉拢秦国上流社会的交际费，所有这些一共花了吕不韦数千金的钱。但是，吕不韦身为一个具有前瞻性的商人，他认为他的钱全部花在了刀口上，因此对他来说他并不觉得可惜。他自己知道，此时自己正在做一份大事业，而这份事业已经远远超出了赚钱的意义。

为了让异人能获得秦国王室的认可，吕不韦首先在王室里找目标，用他作为商人敏锐的眼光将秦王室的人都扫了一遍，最后，他确定了一个目标——华阳夫人。

华阳夫人是秦昭襄王的太子、异人的父亲安国君嬴柱最宠爱的姬妾。有一个问题一直困扰着华阳夫人，那就是她始终没有子嗣来稳固这种宠爱。对此，吕不韦明白她的心里一定时常怀有顾忌。毕竟，华阳夫人总有年老色衰的一天,而嬴柱身为太子,迟早当上国君,到那时,华阳夫人如果不能为嬴柱找个接班人,那她必然不会像现在这样如此受宠。就是看中了华阳夫人的心,吕不韦才大胆从她这里进攻。吕不韦决定找机会说服华阳夫人,让华阳夫人收异人做她的义子,这样,异人才有可能继承嬴柱的位子。吕不韦的计策是完美的,这也是他成功的一个关键,敏锐的观察和细致的分析,然后一针见血地直插心脏。思虑和果敢在吕不韦身上配搭得如此融洽,他的成功也是必然的。

但是,华阳夫人毕竟是王室贵人,她的地位是吕不韦这种商人所远远不能企及的。因此,虽然吕不韦将目标定在了华阳夫人身上,他却苦苦找不到机会接近华阳夫人,即便有机会接近,那又怎么去说服她收异人为义子呢?华阳夫人又凭什么听一个商人的话呢?吕不韦必须再好好思考一下。

后来,吕不韦的眼睛亮了,因为他看到了华阳夫人的姐姐。吕不韦此时将目标从华阳夫人身上移到了她姐姐这里,要拉拢华阳夫人,就先拉拢她的姐姐。毕竟华阳夫人姐姐的地位低于华阳夫人,吕不韦想要借机接近她还是比较容易的。至于用什么办法来拉拢这两个女人呢?吕不韦明白,有权势的女人一般都会沉迷于物质利益,从这点分析看来,吕不韦便认为华阳夫人和她的姐姐必然都是见钱眼开的人。当然,这是商人的价值观,但在某种程度上,它却总是成立的。

华阳夫人的姐姐和华阳夫人确实是吕不韦心中的这类人,毕竟身在华贵的环境里久了,心也变得浮华了起来。这令吕不韦感到十分满意。但是,人家华阳夫人再怎么说也是王室,难道还缺钱吗?吕不韦决定另辟蹊径,他用钱买来了一些奇异的宝物珍玩献给这两个女人。同样是物质上的收买,吕不韦没有傻傻地将一大箱金银抬到华阳夫人姐姐的府中,而是用钱换来了大批珍贵稀罕的宝物。用稀罕的珍玩，一方面可以令两位夫人觉得吕不韦此人确实够意思、懂风情，另一方面也让两位夫人觉得自己的身份毕竟有别于他人，因为人家收的是俗得不能再俗的金钱，而自己收的却是珍贵的宝物。总而言之，吕不韦献珍玩的方式成功地让两位夫人注意到了这个贿赂者，也使得这种收买能力大大增值。

华阳夫人的姐姐收到了吕不韦的礼物后，心中大喜。当然，这种礼物的收受是不能搬上台面讲的，吕不韦还必须给华阳夫人的姐姐一个正当的说法。因此吕不韦便先对华阳夫人的姐姐讲起了异人这人是如何如何仁孝，如何如何贤智，说异人这人在赵国是经常"以夫人为天，日夜泣思太子及夫人"。说完异人的好处后，吕不韦接着便对华阳夫人的姐姐说出自己心中的想法："吾闻之，以色事人者，色衰而爱弛。今夫人事太子，甚爱而无子，不以此时蚤自结于诸子中贤孝者，举立以为适而子之，夫在则重尊，夫百岁之后，所子者为王，终不失势，此所谓一言而万世之利也。"这段话正点破了华阳夫人的痛，而身为姐姐又如何不懂得妹妹的心思呢？因此，收了礼物后本已高兴不已的华阳夫人的姐姐，在听了这段话后更觉吕不韦是很有道理的，最后，她便和吕不韦暗中做了一个交易：帮吕不韦说服华阳夫人认异人为义子。吕不韦见自己的第一步已经有了收获，心中的兴奋程度大大地超过了华阳夫人的姐姐，毕竟，她收的只是一箱宝物，他将要得到的却是一个巨大的收获。

吕不韦离开了华阳夫人的姐姐的府中，究竟结果会如何，吕不韦就全靠她了。接下去，吕不韦还必须再继续和异人打好关系，以确认异人成为秦王后不会弃用自己。

吕不韦对异人已经很好了，但是他自己觉得投资得似乎还不够，因此吕不韦时刻惦记着拉拢异人。有一次，吕不韦邀请异人参加酒宴。在宴席上，吕不韦令一群舞女上来献舞助兴。当时异人已经有点醉酒了，当他看着眼前的舞女如同一群仙女一般翩翩起舞时，脸上露出了难掩的兴奋之情。这时候，异人忽然从这群仙女中看到了一个姿色最绝的美女，这个美女对异人频频暗送秋波，令异人酥软得心乱如麻。异人难以掩饰心中的激动，立即请求吕不韦将这个女子献给自己。

吕不韦顺着异人手指的方向望去，原来异人想要的女子竟然是自己的小妾赵姬。赵姬是舞女出身，后被吕不韦娶为妾，因其妩媚异常，故深得吕不韦的宠爱。可是，现在异人竟然要娶自己的爱妾，这叫吕不韦如何舍得？这个小妾自己才娶没几天，就要将她献给异人，吕不韦的心里已经有点不平衡了。但是很快的，商人的理性压制了这种不平衡，吕不韦明白自己已经为异人投资了很多，绝对不能在这个节骨眼上因为一个女子和他闹不和。因此，吕不韦装出不在意的样子，忍痛将赵姬献给了异人。异人见吕不韦对自己果然是一片忠心，心里大喜，对吕不韦的信任也越来越深了。

到此，吕不韦对异人的投资真是到了"破家"的地步了。但是，吕不韦既然当初选择在这条道路上走下去，他就不会后悔。当然，吕不韦已经骑虎难下了，他想后悔也后悔不了了。吕不韦一旦后悔，那些投资的钱便将如扔入大海里的石头一样，沉到底部，永不见影。所以，吕不韦已经坚定了这条路，他要继续走下去，并且要将它走得很好。

而从以上这些投资中可以看出吕不韦此人真不愧是一个精明大气的商人。在吕不韦那波澜壮阔的心里，他明白"贱买贵卖"的生意无论做得再大，也只能生一时的钱。只有为自己争取个聚宝盆，让它无时无刻不在为自己创造着金银，只有这样，才能随时随地都能赚到钱。而在吕不韦的心里，生钱之道并不是一般的商人所认为的以钱生钱，吕不韦以他的奇特眼光看到了另一种生钱的可能——以权生钱。所以，吕不韦要挣钱，就必须要掌权，钱权在吕不韦那里已经得到了很好的统一，也因为如此，他才有机会在商界和政界这两个领域内树立起巨大的威望。

吕不韦能投资的都投资了，接下来就是看事情会不会如他所期望的一样运行了。

异人回国了

为了成功让异人回国当秦王，吕不韦采取了非常多的行动。但是事情的进展都会如他所期望的那样吗？他的投资真的会得到回报吗？吕不韦对此并不敢说有百分之百的信心，他只能暗中祈祷。所谓谋事在人，成事在天，吕不韦已经做完了该做的一切，剩下的就交给天去决定了。

不久，上天将会告诉吕不韦，有他自己的努力和上天的眷顾，他的命运是好的。

就在华阳夫人的姐姐和吕不韦达成交易后，她立即赶往妹妹的府中，将吕不韦送给华阳夫人的宝物送给了她，然后对她说起了吕不韦的心意。见妹妹已经有点动心，华阳夫人的姐姐便立即以一个长者的姿态给妹妹以建议，这建议当然是希望华阳夫人能答应吕不韦的要求，认异人这个可怜又可爱的孩子做义子。

华阳夫人当然也深谙吕不韦的投资心理，她知道吕不韦也不过是在为他自己谋一条权力之路。但是，华阳夫人更明白，自己作为安国君最宠爱的妃子，却始终没有子嗣来稳固这种宠爱，如若哪天自己年老色衰了，势必会失去安国君的宠爱，到那时，自己在后宫的地位必然下降。

她明白，要想继续掌握威慑后宫的权力，就必须为自己找个儿子，让他来接替丈夫的王位。因此，当姐姐在自己耳边一直劝说时，华阳夫人的心便也痒了起来，她觉得这倒也不失为一个好点子，何况听姐姐这样说，异人这人似乎挺不错的。最后，在送礼的人情和对利益的权衡下，华阳夫人做出了一个决定——和吕不韦来个双赢的局面。

华阳夫人决定认异人为义子后，便开始实行她甜言蜜语式的轰炸攻击了。每晚和安国君在一起时，华阳夫人必然对他撒娇一番，待安国君心情快活了，华阳夫人便不失时机地对他讲起异人的事。一开始，安国君可能有点惊讶，毕竟自己这个儿子都身在国外多年了，秦人对他只怕也没多少印象了，但是华阳夫人竟然会忽然提起他，而且还是提出要认他做义子。这事一开始令安国君感到不可思议，后来时间久了，安国君每次听华阳夫人对自己儿子的称赞，竟也慢慢觉得自己这个儿子确实了不起。再一想，华阳夫人竟然会对不是自己亲生的儿子如此喜爱，这也算是一件令人欣喜的事了。因此，当有一天晚上，华阳夫人流着泪，楚楚可怜地对安国君说："妾幸得充后宫，不幸无子，愿得异人立以为适嗣，以托妾身。"安国君的心软了下来。自己最心爱的女人在自己面前哭得像个泪人儿，安国君再也忍受不了了，最后，他接受了华阳夫人的要求，让华阳夫人认异人为义子。

华阳夫人听了安国君的话，瞬间破涕为笑。于是，华阳夫人便正式认异人为义子，安国君也因此拿出了大量的礼物来赠送给异人，然后请吕不韦担任异人的老师。这时候，吕不韦在付出大笔的投资后，终于得到了他的第一份回报。吕不韦固然高兴，但更令他高兴的事还不仅仅于此。因为吕不韦明白，这件事的成功意味着最关键的一点已经突破了，以后的路将会更好走。因此，当想到之后那巨大的收获时，此时这小小的回报在吕不韦看来已经不算什么了。

异人顺利成了华阳夫人的义子,他和吕不韦的名声也因此"益盛于诸侯"(《史记·吕不韦列传》)。所有的人都知道在赵国有一个可能成为未来秦王继承人的公子,当然,那时候还很少有人知道,异人的成功都是因为他的师傅吕不韦。但是吕不韦不在乎这些,他是善于隐忍的,因为他知道,等到真正成功的那天,自己的大名将会完全凌驾在异人之上。当然,最后他确实做到了。

让异人和吕不韦高兴的事除了顺利成为华阳夫人的义子外,还有另外一件,那就是赵姬已经怀孕生子了。异人得子固然高兴,而吕不韦心中虽然感到微微的心酸,但从更宏大的局面来说,吕不韦确实是高兴的。因为这儿子是赵姬生的,而赵姬是自己献给异人的,异人得子当然会为自己记一大功。虽然这功劳比起之前的投资来说实在不算什么,但它也确实使得异人更加信任自己,这正是吕不韦所希望看到的。

所有事情似乎都在往一个很好的方面发展着,吕不韦和异人也觉得自己的未来必然是美好的。当然,这种期望最后会实现,但是,在这个时候,却发生了一件与当下的气氛不怎么协调的事情。

秦昭襄王五十年(前257),昭襄王这个已经年过古稀的老人却还希望在他将逝之年多做点功绩,于是,他派出了大将王龁攻打赵国。王龁很快便打到了赵都邯郸,将邯郸团团围住。

被围住的邯郸急得要死,赵王对此无计可施,只好将一股怒气转移到了异人身上,扬言要杀了异人。异人和吕不韦一听到这个消息,惊恐不已。如果异人在这个时候死去,那么之前的所有投资都白费了。为此,吕不韦一定要保住异人,保住异人就是保住自己的权益,失去异人就是失去自己的心血。吕不韦对此是很明白的。

后来，吕不韦偷偷塞给了看守邯郸城城门的官吏六百斤金子。一个普通的官员面对数额如此巨大的金子，谁能抵抗得了诱惑？于是，官吏偷偷地放走了异人。就这样，异人在吕不韦的帮助下，和吕不韦顺利地逃回了秦营。但是，在匆忙之中，异人竟然将赵姬和儿子给忘在家里了。幸好，要不是赵姬在赵国有人帮忙，二人只怕早已死在赵人之手了。

秦国的这次围攻邯郸看似给异人当时的美满生活带来了一个惊人的打击，但是其实，要不是这次战争，异人只怕不会那么早回到秦国。而且，似乎上天确实对异人和吕不韦有所眷顾，因为就在异人回国的第二年，也就是秦昭襄王五十六年（前251），昭襄王这个东征西讨一辈子的君王结束了他的生命。秦昭襄王的逝去意味着太子安国君将接替他而成为新一代的秦王，而安国君成为秦王也意味着子楚——异人回到秦国后，为讨好来自楚国的华阳夫人，就改名为子楚——将因此而登上秦国太子的位置，成为秦王的下一任接班人。

子楚顺利当上了秦国太子，赵国此时已经不敢欺负这个昔日沦落为质子的人了。此时赵王令人将赵姬和子楚的儿子护送回国，在经过一年的分离后，子楚这时候才和他的妻儿再次团聚。

当然，子楚的地位更进一步了，此时最高兴的莫过于吕不韦了。子楚顺利当上秦国太子，这便意味着吕不韦的投资所获得的回报也因此而更进一步了。吕不韦对自己说，只要在这期间不要发生任何变故，那么等到安国君逝去后，子楚必然顺利地当上秦王。如果这一天真的到来，那么子楚记的第一大功必然归在自己身上。到那时候，吕不韦便是不想手握重权，只怕异人也不允许他这么做了。

吕不韦真是心花怒放，他静静地观望着局势的变化，巴不得安国君早点离开这个世间，让子楚赶快登上秦王的位置。很快，事实证明吕不韦根本不用再为安国君的死亡而烦恼了,因为秦王这个椅子和安国君根本无缘。历史对这个君王的记载不多,因为他的在位时间竟然短得如此可怜。这到底是安国君的不幸,还是异人和吕不韦的幸运呢?

没错,吕不韦总是如此幸运,如果说他付出的努力确实提高了他成功的概率,那么在运气这方面,吕不韦的好运气便总是作为一个最直接的动力,将这种概率直接推进到百分之百。吕不韦,这个曾经的商人,即将坐上秦相的位置。而他昔日的巨大投出,也将得到源源不绝的回报。

商人成了相国

秦昭襄王五十六年（前251），为秦国的发展做出极为杰出的历史贡献的秦昭襄王走了，将一个在各个方面都实现了突飞猛进的国家留给了他的儿子安国君。安国君正式即位，是为秦孝文王。我们对秦文公和秦孝公都异常熟悉，但是对于这位谥号融合了两者的君王却所知不多，这是为什么呢？原因非常简单，因为秦孝文王在秦王的位置上只坐了三天的时间。

辛辛苦苦当了多年的太子，却在即位之初立即撒手人寰，秦孝文王的君王之路是够可悲的。这就好像在演一部肥皂剧一样，不管怎么说，这里面的碰巧成分太多了。因为如此，关于秦孝文王的死亡便引发了很多人的猜疑。当然，这种猜疑是完全有理由的。

我们都知道吕不韦辛辛苦苦投资了那么多在子楚身上，都是为了让子楚顺利早日当上秦王。就这一点动机而言，人们便完全有理由怀疑秦孝文王的忽然死亡和吕不韦大有关系。当然，在怀疑吕不韦的同时，怀疑子楚是一个帮凶，也是在情理之中了。

当然，这只是一个煞有介事的推演，谁都没办法对其进行证明。但需要注意的一点是,在秦孝文王即位的时候,吕不韦并没有因此而得到秦国任何一个高位,充其量也只是太子子楚的一个师傅。既然没有任何权力,吕不韦想要谋杀秦孝文王便是一件不可思议的事了。当然,其中也不能排除吕不韦的计谋是得到太子子楚的帮助的。也就是说,我们大可以想象,吕不韦先在子楚耳边唆使着,令子楚心动于秦王之位,然后与子楚同谋杀了秦孝文王,这样一来,子楚自己能坐上秦王宝座,吕不韦也能因此而尽早实现自己的夙愿。

当然,关于秦孝文王的死,想法比较乐观积极的人也大可以认为这不过单纯是因为秦孝文王的身体素质差。不算女儿在内,秦孝文王共有二十多个儿子,这便可见其后宫妃子数量之庞大。而要应付这么一群庞大的妻妾,秦孝文王便是有再强壮的身躯,只怕也会有虚弱的一天。另外,身为秦昭襄王的儿子,历史上全无记载秦孝文王参加过哪场战役。从这点来看,也多少能看出这位秦王的身体素质可能不高。

无论是否掺有阴谋的成分在里面,总之秦孝文王就这么快地死了。秦孝文王死之后,理所当然地由太子子楚即位。于是,子楚接过了可怜父亲的位子,成了秦国的新一代秦王,是为秦庄襄王。

子楚即位,高兴的人太多了。子楚自己很高兴,他成了一国之主,还是战国七雄中最为强大的一国。华阳夫人也很高兴,因为此时的她已经是掌管整个后宫的王太后了。赵姬也很高兴,因为她因此而一跃成了王后。当然,有一个人最高兴,因为这个人付出了最大的努力,现在终于得到了回报。这是一种收获的成就,是子楚等人所难以体会到的,这个人就是吕不韦——此时的吕不韦已经坐上了秦国丞相的位子。

从商人到一个执掌朝政大权的丞相,吕不韦的跃升虽没有刘邦、朱元璋这种近乎奇迹的跨越,却也不失为一个励志事例,向后人讲述着这段麻雀变凤凰的传奇。当然，在赢得这种跃升的背后，我们也应该看到吕不韦所付出的努力。若没有这些努力，吕不韦此时充其量仍旧是一个地方小商人。

这些人都在为自己的处境变好而高兴，除此之外，子楚当秦王还直接关系到另一个人的利益，这个人便是秦庄襄王和赵姬的儿子，名字叫作嬴政。

嬴政出生于秦昭襄王四十八年（前259），故子楚即位时嬴政还小，年仅十岁。当看着父亲母亲个个都笑开了花的时候，小嬴政不知道心里有没有也为此而暗喜。当然，我们无法得知当时年纪还小的嬴政是否对权力这种缥缈的东西有点概念。但是，我们几乎可以确定，在嬴政那小小的心灵里，已经装下了太多大人的东西。

在一个充满权力斗争的环境里，小嬴政完全有可能从中沾染到一些本不应属于他这个年龄的东西。而且，嬴政的幼年生活有别于其他的王子。首先他是在赵国出生并成长的，后来他甚至必须接受父亲抛弃自己和母亲的事实，而在赵国度过一年的避难期。当然，如果说对于这个年纪尚小的孩子来说，什么才是令他最为困扰的，那无疑是关于自己的出生传闻。

嬴政的母亲赵姬当年是先嫁给了吕不韦，后才嫁给了子楚。而就在赵姬嫁给子楚后不久便怀孕了，因此关于这个儿子是谁的，历来都有争议。这种争议在嬴政时代可能表现为传闻，也就是说，在嬴政年幼的时候，他可能会在无意中听到人们对他的非议——这个孩子不是子楚亲生的，是吕不韦的。

按照《史记》的说法，当时赵姬嫁给子楚的时候便已经怀孕了。吕不韦和赵姬都"知有身"（《史记·吕不韦列传》），但两人都将这件事隐瞒了下来。或许当时吕不韦曾经想过自己的儿子可能在未来当上秦王，因此忍痛割爱。当然，也有后人质疑说这是吕不韦的门客为了泄私愤而编造出来的谎言，后来历史学家更是直指吕不韦把自己怀孕的女人献给秦国太子的故事实在是一篇可信度极低的传奇小说。

子楚估计没有那种心眼去纠结这个儿子是不是自己亲生的，他也没多少时间去纠结。因为子楚在秦王位置上只坐了三年，三年之后，子楚便也离开了世间。子楚死后，理所当然地由他的儿子嬴政来继任。于是，年仅十三岁的嬴政坐上了那个比他大一倍的王座。

秦王政即位时才十三岁，于是，吕不韦似乎很理所当然地将掌管整个国家的大权都包揽了过来。当时，吕不韦的地位已经更上一步了，从秦王政尊称他为"仲父"便足以说明这一点。当然，吕不韦完全可以以秦王年幼、自己暂时掌朝廷为借口，光明正大地享受这种全权在手的成就感。不过，其实吕不韦也不必为自己的擅权寻找借口，因为很少有人会去对他提出反对的声音。这一方面自然是因为丞相的威严大于年幼的君王，另一方面也是因为，在吕不韦的管理下，秦国仍在继续往好的一面发展。

在战国后期，魏有信陵君，楚有春申君，赵有平原君，齐有孟尝君，这四君都是以礼贤下士、喜结宾客而出名。对此，吕不韦一直心有不服。吕不韦心想，秦国是当时最强大的国家，却没有一个人的名声能超过这四个国家的四位公子吗？因此，不服输的吕不韦决定以身作则，来让人们明白，秦国也是个喜爱名士的国家。

于是吕不韦也向天下发出了招贤令，招徕各国名士，并给他们以优厚的待遇。结果，招贤令一出，吕不韦的门客很快便达到了三千多名。那么多食客，吕不韦当然不会让他们白吃白住。于是，吕不韦命他的食客们各自将自己的所见所闻记下，然后将这些见闻综合在一起成为八览、六论、十二纪，结果编成了一本达二十多万言的书，这便是著名的杂家经典《吕氏春秋》。

《吕氏春秋》编成后，吕不韦非常得意，觉得自己完成了一件不世之功。为了向世人展示秦国对学术的重视以及在学术方面所取得的非凡成就，吕不韦便将整本《吕氏春秋》刊布在咸阳的城门，然后在旁边悬挂着一千两的黄金，之后遍请诸侯各国的游士宾客，若有人能增删一字，就给予一千金的奖励。

这便是"一字千金"的故事。这个故事揭示了吕不韦身为秦相时的得意之态，同时也说明了吕不韦作为丞相，对于肩负的秦国发展重任还是非常负责的。当然，吕不韦的贡献不仅仅只在文化学术这方面。除此之外，在军事上，吕不韦消弭了秦国多年的恶战，以兴义兵的思想安抚了秦国因多年战争所造成的恶伤。在经济上，吕不韦主持修建了郑国渠，大大发展了秦国的农业。在内政上，吕不韦成功地调整了统治集团内部关系，又施加恩惠于百姓，从而为秦国的国内安定争取了条件。

无论从哪一个方面来说，吕不韦这个秦国丞相都做得非常出色。他以商人那八面玲珑的手段来治理国家，竟也使得一个秦国变得和谐美好。当然，在一个战乱的时代，和谐是相对而言的。在吕不韦的时代，战争也是时常存在的。

吕不韦的对外战争

吕不韦自成功当上了秦国国相后,便在这个位置上开始了他管理整个秦国的道路。吕不韦是有能力的,他成功地将一个在各个方面都迅猛发展的国家推上了一个更高的层次。关于这点,只要从吕不韦的几次对外用兵中便可窥见一二。

早在之前,东周便因内斗问题分裂成东、西两周国,而西周国也早在秦昭襄王五十一年(前256),因参与众诸侯伐秦战争而得罪秦国,被一怒之下的秦昭襄王将兵而入,从此消失在历史的洪流中。虽然如此,它昔日的兄弟兼敌人东周国却还在历史的大海里如一条孤帆般地颠簸着。

东周国虽小,但因其和周朝的关系,地位却颇高,因此东周国的君王也喜欢到处跑腿,和战国七雄们玩玩手段。秦庄襄王元年(前249),此时秦国新君刚立,其他诸侯便认为有机可乘,立即有意联合起来企图进攻秦国。在这些诸侯中,东周国便是一个。可是,东周国国君也不掂量掂量自己的重量,对于其他六国,秦国可能暂时还难以欺负到它们头上,而它一个小小的东周国,还不够秦国一个手指来捏。最后,东周国重蹈了西周国的覆辙,"与诸侯谋秦,秦使相国吕不韦诛之,尽入其国"。

这就是吕不韦刚任秦相时所做的第一件大事。东周国的灭亡更加强了秦国的气势，六国对此纷纷报以惊恐的反应，好像一不小心秦国便会举大军压境，到那时，自己只怕便和东周国一样，被轻而易举地灭掉。秦国的强大在诸侯间引起了更深的恐惧，六国的诸侯们在此时都默认了一个目标——共同对秦。

面对六国暗中达成的默契，吕不韦并没有太多的恐惧。商人的那股敢拼精神一直存在他的心里，他还要用他的毅力去征服其他国家，继续秦国的扩张之路。于是，吕不韦便将目光放在了秦国的近邻韩国之上。

秦庄襄王元年（前249），吕不韦派出大将蒙骜夺取了韩国都城新郑外围的重镇成皋、荥阳，逼得本已虚弱的韩国陷入了更深的泥沼中。面对强邻的欺压，韩王根本不能以硬对硬，因为韩国国内并没有一支军队足以和秦军匹敌，这令韩王陷入了深深的恐惧和慌张之中。韩王明白，秦国灭亡六国的野心已经很明显，而它的第一步必然是先拿自己开刀。

无可奈何的韩国身处绝境，最后竟也灵光一现，于绝处中想出了一个绝处逢生的计谋——疲秦之计。韩国没办法正面和秦国对抗，只好在背后搞些小动作，而所谓的疲秦之计正是韩国在这个时候所计划出来的得意之作，它的实际性质是企图消耗秦国的国力，实际内容是派出了水利工程师郑国前往秦国游说秦国主政者兴修水利。

郑国来到秦国，对吕不韦说了兴修水利的好处。吕不韦以商人的眼光看中了其中的经济利益，却无法从一个政客的角度出发，揭露出在背后所隐瞒的阴谋。因此，吕不韦觉得郑国的建议有百利，便答应他，让他在秦国开始兴修水利工程，这便是后来著名的郑国渠。

当然，韩国的疲秦计到最后非但没有实现它的目的，反倒让秦国大大地从中赚了一番——郑国渠的修建确实为秦国的富强提供了一定的帮助。看来，韩国国内都是一批擅用阴谋的政客，他们只看到了兴修水利的疲秦效用，却对水利工程所可能做出的贡献缺乏必要的先见之明。

事实证明韩国的疲秦计确实没多大用处，因为秦庄襄王二年（前248），秦国便又出兵平定了赵国的太原。又仅仅一年后，吕不韦再次大举出兵进攻魏国。

魏国看到秦国气势汹汹地袭来，也只能如韩、赵两国一样恐慌。魏安釐王处于危急之中，身旁却无能臣相助，这个时候，他才想起了那个因被自己猜疑而出逃的信陵君魏无忌。于是，魏安釐王令人请回信陵君，希望他再一次救救大难临头的魏国。具有大义精神的信陵君原谅了魏安釐王对自己的偏见，回国领上将军，统率全军再抗秦军。

在此战中，信陵君发挥了他出色的外交手段，成功说服了其他五国军队共抗秦国。同时，信陵君也再次表现了当初窃符救赵大败秦军的刚毅，于当年再破秦军。秦将蒙骜被魏无忌所统率的联军打得落荒而逃，联军趁机直攻到函谷关，逼得秦国紧闭关门，几年内都不敢再踏出函谷关一步。这次合纵攻秦大大削减了秦国的威风，让秦国明白，在准备还未妥当的时候，贸然出兵只会逼得六国联合。同时，信陵君的威名也令秦国人多少有点闻风丧胆。因此，在信陵君还在魏国的时候，秦国都不敢再小视这个国家。

秦王政四年（前243），信陵君走到了他人生的尽头。信陵君的死惊动了整个魏国，因为这意味着魏国从此失去了一名卫国的将领。当然，信陵君的死也在秦国造成了轰动，这个当年被信陵君打到了门口的国家，终于可以毫无顾忌地实行它的报复行动了。因此，就在这年，秦将蒙骜再次接受命令，出兵攻魏。

蒙骜这次又立下大功，他连取魏国二十城，最后竟然使秦国的土地与齐国直接相接，也从此对韩、魏形成三面包围之势。秦国这次的胜利又一次在六国之间造成巨大的轰动，六国陷入更深的自危境地，它们急需另一个"信陵君"来统领合纵之军，从而遏制秦军的嚣张气焰。

统率联军的重任便落到了春申君手中。在战争的前期，如同信陵君一样，春申君统领着联军大破秦军，一直将秦军逼到了函谷关。可是，这次的秦国不像上次那样畏缩在关内，而是倾尽全力出关应战，最后竟然大败联军，使联军如一群受了惊吓的鸟一般，四处飞散。春申君因此事而受到了楚王的冷落。几年后，春申君遭到了楚国国舅的暗杀而死于非命，战国四公子的最后一个也踏上了他的黄泉之路，此时若要比门客之多，吕不韦自然要排第一了。当然，吕不韦排第一也就意味着天下所向基本在秦国了。

可是，秦国的威风并没有持续太久，这是因为赵国再次起用了一个老将，这个老将的名字就叫作庞煖。庞煖复出后便坐上了联军统帅的位子，肩负起合纵抗秦的重任。庞煖没让赵王失望，秦王政六年（前241），在他的统领下，联军顺利收复了秦国从赵国夺去的寿陵（在当时恒山一带）。在胜利的驱动下，庞煖率领着联军直逼秦国。和之前的信陵君、春申君的进攻路线不一样，庞煖没有选择正面进攻函谷关，而是计划绕道蒲阪（今山西永济西南），南渡河水，出其不意地迂回至函谷关后。最后，联军行军顺利，一直来到了蕞（今陕西临潼北）才遇上了吕不韦的军队。

吕不韦对联军进行了一番分析，他认为联军之中楚军最强，若破楚，则联军必然散走。于是吕不韦于夜间派出精锐突袭楚营。楚军得知，自行东撤。其他诸侯国听闻楚军撤退，便也都无心恋战。最后，联军不战而散。面对联军军心的动摇，庞煖无能为力，此时的他或许已经看到了在不久的将来，因为诸侯国们无法保持坚定的合作精神，最终被强秦一一攻破。

吕不韦击退联军后，便随即下令蒙骜领兵出击赵国。蒙骜接令后，兵分两路进攻赵国，然后因由嬴政弟弟成蛟率领的一路军没有按计划进行，结果使得蒙骜大军孤军深入，最后在太行山被庞煖伏兵所击，秦军因此大败，蒙骜也在乱箭之下战死沙场。

赵国此次大胜大大地提升了自身的威望，也再次挫败了秦国的威风。但这次战争对于秦、赵两国的地位影响并没有太大的意义，秦国仍旧是诸侯国中最强大的国家，而赵国经过多次的反击秦国，虽取得几次胜利，却难以避免地陷入兵衰力竭的困境。

吕不韦时代的对外战争大致如此，这一段经历反复确定了秦国的大国地位，但几次被逼退至函谷关的经历也说明了秦国灭六国还未到气候。虽然，吕不韦在为相期间还没办法灭掉六大国之中的任何一国，但吕不韦为了这个目标而付出的努力，以及在这方面为后来的秦始皇统一六国而做出的巨大贡献，都足以让吕不韦这个名字成为秦国的又一个骄傲。

吕不韦确实为他那传闻中的儿子开了一条很好的道路，秦始皇后来能统一六国，吕不韦功不可没。

十二岁的小丞相

吕不韦为了和战国四公子拼一拼魅力，向天下四处发出了招贤令，为此，他的门客到了最后竟也达到三千多，与四公子是不遑多让。当然，这三千门客中不乏滥竽充数之人，但是，能力出众之人必然占大多数，这从《吕氏春秋》的编纂便可看出。而在吕不韦的门客之中，有一个人特别引人注意，他的名字叫作甘罗。

甘罗的来头不小，他的祖父正是秦国秦武王时官至左丞相的甘茂。实在是相门出才子，甘茂的这个孙子年纪轻轻便满腹经纶，对时势的洞察力令一个成年人都自愧不如，在口才上更是伶牙俐齿，与人辩论时可随处引经据典，劝说人时更是轻松自如、毫不费力，所需的道理俯拾皆是，令人惊叹。

神童并不可贵，可贵的是在甘罗小小的心里，却已经藏有一颗报效国家的请战之心。可能是祖父的事迹影响着甘罗，使得甘罗在他本应该纯真的年纪却已然将一份责任深深地肩负了起来。这才是甘罗令人敬佩的地方，也是甘罗不同于一般神童的地方。

因为少而有志，甘罗便投入了当时名声最响的吕不韦门下。在当时

秦始皇

王翦

人才辈出的时代里，吕不韦宁可错收一百也不能漏过一个，何况这个甘罗还有一个雄厚的背景名望在支持着，因此吕不韦看他年龄虽小，却也没有因此而拒绝他。就这样，甘罗成了吕不韦的门客，继续增进着自己各方面的能力，等待着可能随时而至的机会。

机会是留给有准备的人的，当吕不韦为一个问题而困扰的时候，甘罗便从中看到了自己的机会。

当时，吕不韦有意联合燕国攻伐赵国，在使者的选择上，吕不韦选中了秦将张唐。但是张唐却不乐意了，他借故推辞了这次出使任务。其实，张唐的不乐意也是有原因的。当年，蒙骜领着张唐出兵赵国，在此战中，张唐被赵将庞煖一度追杀，几欲战亡。庞煖更趁机挑起赵人对张唐的仇恨心理，声称能得张唐者可封地百里。从那时候起，赵国便在张唐的心里蒙上了一层阴影。而要到燕国必要经过赵国，因此，当这次吕不韦令张唐执行这个任务时，张唐便因为恐遭不测而婉拒了。

张唐执意不肯，吕不韦对此竟然无计可施，着急之色跃然脸上。这时，在吕不韦旁边的甘罗就看到了吕不韦不舒服的神色，询问过后才知道原来吕不韦正为此事而困扰。小甘罗轻松地一笑，吕不韦一看，还当这是一个毛头孩子，不懂事情的重要性，所以才笑得出来。但是，吕不韦却想不到他眼前的这个毛头小孩竟然向自己请命，信誓旦旦地表示自己能顺利劝说张唐执行任务。在这吕不韦心里当然感到不可思议，自己亲自出马都请不动了，他一个十二岁的小孩子还敢口出妄言，因此吕不韦竟然为此感到生气而斥骂他。

见吕不韦如此反应，甘罗便对他说："大项橐生七岁为孔子师。今臣生十二岁于兹矣，君其试臣，何遽叱乎？"项橐是春秋时代一个很出名的孩童，因其聪明伶俐、好问各种奇怪的问题而令孔子深感钦佩。甘罗举出这个典故来试图说明自己已经足以担当一面，可是这能说服吕不韦吗？

吕不韦一开始在气头上，他完全不相信甘罗。后听了甘罗的话，怒气便稍微降了下来，倒觉得这孩子确实有口才。思考下去，吕不韦便以他商人的眼光来衡量得失。吕不韦觉得，要是这个孩子顺利劝服了张唐，那就达成了自己的目标，也让自己多发现一个能人。要是这个孩子没办法劝服张唐，那自己又不因此而亏损什么。这是一桩只赚不赔的生意，为什么不这么做呢？因此，如同当年将全部家当压在子楚身上一样，这次吕不韦也将筹码压在了这个孩子身上。由此，甘罗便顺利地得到了他的第一个任务。

甘罗来到了张唐府里，便向张唐说明了自己的来意。张唐一听，差点笑出声来，他想你甘罗一个小孩子也想来说动我，实在是异想天开。可是，张唐也感到有趣，便决定听一听这个孩子会拿出什么语言来打动自己。张唐的态度是半开玩笑的，但是甘罗一脸正经，他对张唐说："卿之功孰与武安君？"你的功劳比起武安君白起如何啊？张唐莫名其妙，没事扯到白起干吗，但张唐还是礼貌性地做了回答："臣之功不如也。"甘罗继续问道："应侯之用于秦也，孰与文信侯专？"应侯范雎和文信侯吕不韦谁的权力大呢？张唐明白自然是吕不韦的权力更大。甘罗见张唐已经顺着自己的思路走，便一针见血地说出他的最终意思："应侯欲攻赵，武安君难之，去咸阳七里而立死于杜邮。今文信侯自请卿相燕而不肯行，臣不知卿所死处矣。"这是说当初白起因不服从范雎的意思而被范雎用计杀死，如今你张唐竟然敢不服从吕不韦的意思吗？

这话一出，张唐确实吓了一跳。自己的功劳不比白起，吕不韦的权力又大于范雎，白起都能被范雎害死了，自己又怎么不会因此而遭受吕不韦的陷害呢？想到这里的时候，张唐已经没有时间对眼前这个孩子表示他的刮目相看了，他只能赶快向吕不韦表示自己愿意乖乖地出使燕国。

甘罗成功劝说张唐一事令吕不韦眼前一亮，也令当时知晓此事的秦人纷纷赞叹这个小孩子的才能。甘罗这个名字遂随着这件事的传播而在秦国上下被反复提起着，这个时候，秦人都知道了以前的老丞相甘茂有个才华出众的孙子，而甘罗也因为这件事而得到了吕不韦的重用。

后来，甘罗认为可以在张唐出使燕国一事上面做更大的文章，这将有可能让秦国得到赵国的河间地。因为甘罗已经分析了秦、赵两国的关系，他认为赵王必然对秦燕联盟感到异常担忧。如果能从这里下手，那么顺利拿得河间地的可能性并不是没有的。因此，他向吕不韦请命，希望让自己出使赵国去说服赵王。

吕不韦再次以一个商人的胆量批准了这次出使。只是，这次的任务毕竟已经不仅仅是劝说一个国内将领的问题了，甘罗这时候面对的是诸侯间的问题，年仅十二岁的他可以胜任吗？

当甘罗来到赵国面见赵王时，全然不顾这位君王面对着一个十二岁的使者时那讶异的眼光，以一国使者的姿态问了赵王第一个问题："王闻燕太子丹入质秦欤？"在赵王表示知道以后，甘罗随后又问了第二个问题："闻张唐相燕欤？"赵王再次表示有所耳闻。这之后，甘罗便直奔主题："燕太子丹入秦者，燕不欺秦也。张唐相燕者，秦不欺燕也。燕、秦不相欺者，伐赵，危矣。燕、秦不相欺无异故，欲攻赵而广河间。王不如赍臣五城以广河间，请归燕太子，与强赵攻弱燕。"这话是说秦、燕之所以联合，其原因不过是因为秦国想取得赵国的河间地，如果赵国愿意献出河间五城，那么秦燕联盟自破，赵国也不用担忧两面夹击的问题了。

如同张唐一样，赵王听到这层利害关系后直冒冷汗，最后竟然同意了这位小使者，将河间五城拱手让给了秦国。

当甘罗拿了河间五城的地图和户籍返回秦国时，那是何等的风光！一个年仅十二岁的孩子，竟然以大使的身份出使外国，而且不用一兵一卒，只用一张嘴便说动了赵王，顺利拿到了赵国的五座城池！当秦王因功而封甘罗为上卿时，甘罗的名声继上一次劝说张唐之后又有了进一步的轰动。秦人对这个孩子满怀敬仰，因上卿和丞相的位置相近，故民间都亲切地将甘罗称为十二岁的丞相。

甘罗的成功自然离不开他自身的素质，但从更广的角度来看，甘罗的成功还得益于当时的秦国环境。在吕不韦掌权期间，秦国的环境是宽容的，只有一个宽容的环境才能生出《吕氏春秋》这样的著作，也只有一个宽容的环境才有可能让一个十二岁的孩子施展他的才华。

吕不韦的三千门客作为一个团队，他们代表着民间的知识分子群体。而能将这群民间的知识分子收在手里并尽用其才，在某种程度上便可看出吕不韦的平民思想。从民间崛起的吕不韦，他的心里没有贵族的傲气，也是因为如此，才得以为秦国聚拢如此多的能人。

甘罗的成功大大地刺激了秦王政，因为秦王政十三岁登上王位，却只能受控于"仲父"吕不韦，而不能像十二岁的甘罗那样发挥自己的才能。渐渐长大的嬴政已经难以忍受这种控制了，甘罗的事迹或许给了他一个极大的鼓励，让他充满勇气，决定向吕不韦发出收回权力的挑战。

这个女人不简单

秦王政自即位以来，宫中大权便掌握在"仲父"吕不韦手中。在这期间，吕不韦为秦国建立的功劳一件接着一件，其地位已然功高盖主。而随着吕不韦功绩的增加，秦王政的年龄也在增加。当秦王政明显感受到这个"仲父"所带来的威胁时，他便决定要伺机而动了。

还在吕不韦掌政的时候，秦王政便对这个"仲父"满怀着不快。一来，自然是因为吕不韦的擅权行为在秦王政眼里实属大逆不道之事，在他的威慑下，秦王政好像一个被捆缚的孩子一样，丝毫不得动弹。二来，也有很大的原因是一些传闻，这些传闻伴随着秦王政的整个少年时期，令秦王政对此感到羞愧万分。

这些传闻便是关于秦王政的母亲赵姬的。

对于赵姬这女人的性子，宫内的人已经达成了一个共识——淫荡。赵姬确实是淫荡的，丝毫没有一个王太后所应该具备的端庄。当然，历史上如武则天、俄罗斯帝国的叶卡捷琳娜大帝，这两个女人的私生活也备受指责，但当她们白天回到政坛上的时候，俨然以另一副正派的姿态来应付好她们的国家。而赵姬并不似这两位皇帝，在她心里，只有女性的妖媚之道，而毫无男性以天下为己任的气魄。

正是赵姬这种狭隘的情怀，使得她在为所欲为的同时，似乎没有为自己的国家、为自己那身为一国之主的儿子进行考虑。她只在乎她的私欲，而不在乎天下百姓的所需。我们完全可以这样说，就是因为赵姬的这种狭隘，使得子楚全然无心在政坛上，而将治理国家的大权完全交付给吕不韦。也因为赵姬喜爱这种过度放荡的生活，所以子楚在王位上才会坐了短短三年便撒手人寰。

子楚死得很快，赵姬自然不甘为之守寡，让自己寂寞一世。因此，赵姬便总凭着身份的方便和一些男人偷情，干一些见不得人的勾当。久而久之，总会有所疏漏。关于赵姬的私生活很快便在宫中偷偷地蔓延着，秦王政对此不可能毫无耳闻。当然，母亲寂寞找男人，秦王政最多认为她败坏风俗，丢了王室的面子。但是，赵姬的事之所以引起秦王政如此大的怒气，那是因为赵姬找的男人偏偏是他经常叫"仲父"的吕不韦。

关于吕不韦和赵姬的关系，民间早有传闻。而两人有旧情，这也是毫无疑问的事。因此，当子楚死后，不甘寂寞的赵姬便和吕不韦旧情复燃，开始了他们两人的地下恋情。这样，久了以后，"丞相时常出入太后的房间"这类八卦绯闻便在秦宫中传开了。当秦王政偶尔听到这种风声时，我们完全可以想象他脸上的怒色。吕不韦非但控制了本属于秦王政的权力，甚至还淫乱后宫，以至于风声谣言四处传播，败坏着秦王政的名声。这时，"仲父"这两个本来如此尊严的称呼，竟然成了对秦王政最大的讽刺。对此，秦王政即便再懦弱，只怕也忍不下这口气，何况他还是一个坚毅得近乎残忍的野心家。

秦王政的不快脸色必然令吕不韦有所察觉。吕不韦和赵姬的暗中勾当或许并没有冒犯秦王政的本意，但它实实在在地冒犯到了秦王政。关于这点，吕不韦感到后悔而不安。或许在吕不韦的心里，他从来都没有想过要夺取秦王的位置，他一直相信秦王政总会有亲政的一天。

吕不韦感到不安，就必须想个办法。但赵姬这女子对吕不韦缠着不放，又兼当时她已是太后，因此吕不韦也不敢大胆地拒绝与之交往。就在这时候，吕不韦的门客又为吕不韦解决了这个令其困扰的烦恼。

这个门客名字叫作嫪毐。嫪毐有何本领解决吕不韦的问题？难道是像甘罗一样，要以一张嘴来说动赵姬，消去赵姬那心中永无止境的欲火？显然不是的。这个嫪毐的本领还真见不得阳光，按照《史记·吕不韦列传》的记载，这个嫪毐是个"大阴人"。

此后赵姬与嫪毐开始了放荡的生活。不久，这个名义上守寡的女人遇到了棘手的事——太后怀孕了！为了远离秦王政，为了隐瞒守寡太后怀孕的事情，赵姬便和吕不韦合谋，请风水师对秦王政说因为太后的寝宫风水不好，必须搬迁。然后，风水师在一番分析之下，将搬迁的目标定在了距离咸阳西北二十里处的雍宫。雍宫幽静而华丽，确实不失为一个风水宝地。当秦王政听到这件事的时候，不知道他有没有对此表示怀疑。但当时大权在吕不韦之手，又加这是攸关母后身体的事，因此秦王政不可能违背孝道拒绝。为了母亲的健康，秦王政不得不点头。于是，赵姬便搬到了雍宫，嫪毐也作为一个内侍随她而去。这时候，在秦王政的身边，已经不会再出现什么新的传闻。但在距离他二十里处的地方，传闻却以真实的姿态，毫无顾虑地上演着。

在欲望面前，赵姬竟然失去了母爱的仁慈，全然不顾儿子的感受。而在犯下大错之后，赵姬竟然也仍不悔改，继续让自己一错再错下去。很快，赵姬便会为自己的放肆而后悔。她的错误在于为自己的儿子培养了一个政敌，也因此在儿子心里，烙上了深深的伤痕。

秦王政权力在手

因为赵姬的放荡，也因为吕不韦的贪求方便，嫪毐一介平民，竟然得以进入宫中与太后厮混。而纸毕竟是包不住火的，秦王政不是傻瓜，他不是不知道自己的母亲背着自己在干些什么勾当。他只是在政权还没到手的时候选择了隐忍，他发誓，只要时机一到，便会立刻端了这个贼窝。

赵姬自从和嫪毐搬到雍宫后便更加放肆，仗着这个地方进出的人比较少，两人便光明正大地过着日子，俨然成了一对夫妻。对此，秦王政不是没有耳闻。对于母后的荒唐，秦王政心里自然很不是滋味，但自己羽翼还未丰，只好先暂时忍耐一下。秦王政的隐忍让两人更加放肆，在他们心里，似乎一切已经是明摆在眼前的了，而秦王政这个儿子也似乎已经默认了两人的关系。因此，赵姬对于自己的怀孕不再感到担惊受怕，而嫪毐也因为自己和太后有染而骄傲自得。

在雍宫住了一段时间后，赵姬竟然先后生了两个儿子。这两个儿子的诞生并没有让赵姬感到害怕或是羞愧，反而，嫪毐却因为这两个儿子而更得赵姬的宠爱。看着两个可爱的儿子，赵姬心中升起无限的幸福，她已经完全忘了眼前这两个儿子只是自己的私生子，而不是秦王政正儿八经的弟弟。

赵姬全然沉浸在幸福之中，她已经为自己建造起了一个幻想中的家庭，嫪毐是她的丈夫，他们有两个可爱的儿子。这种幸福感传染给了嫪毐，嫪毐竟然也在迷糊中感觉自己已经成了秦王政的父亲，即使不是亲生的，在伦理上，秦王政也必须叫自己一声爹。两人的这种幸福感还在增加，因为嫪毐接下去的身份将不再仅仅是一个低下的宦阉了。

因为得到赵姬越来越多的宠爱，嫪毐便有了干涉朝政的想法，起码，他希望自己能拥有一个高贵的身份地位。嫪毐有这种想法，赵姬对此并不反对，毕竟自己和嫪毐已经有了夫妻之实，为他谋个一官半职也是理所当然的事。因此，赵姬便想要向秦王政为嫪毐要个职位。

这种事情必然要和吕不韦讨论。当吕不韦知道嫪毐和赵姬的想法时，可以肯定的是，他绝对不是很乐意。当初，吕不韦不过是为了图自己方便而为太后引荐嫪毐，而嫪毐的职责也不过只是为太后提供一种性爱上的服务。但如今，这两人非但生了儿子，竟然还想要拿个职位当当。吕不韦心中必然是感到不安的，他隐约觉得，自己当初好像放出了条狼。

但吕不韦不乐意也没办法，因为赵姬的态度是强硬的。吕不韦不能保证这个太后会做出什么更令人惊讶的事来，因此吕不韦也只得低下他的头颅。一向强硬的吕不韦，与赵姬的关系成了他的死穴。

在吕不韦的帮助下，嫪毐顺利地从秦王政那里得到了长信侯的封号，并领有山阳、太原等地。这次封赏是秦王政的又一次退让，他的沉默再一次使嫪毐心中那放肆的火烧得更旺。嫪毐的行为从此以后已经全然脱离了单纯地为太后服务，这种多年的服务给他的回报是如此巨大，以至于他已经完全有能力去拉拢自己的党羽，培养自己的势力。这是吕不韦万万想不到的事，当初那个为自己解了困的门客，原来他有更大的野心。

嫪毐确实将他的野心毫无遮掩地表现出来。在受封长信侯之后，嫪毐便从此在人前也摆出了一副高高在上的姿态。小人得志的他傲视所有在朝的官员，甚至久而久之，他也全然不把吕不韦放在眼里。当人们都在奇怪为什么这么个暴发户会有这样的自负时，关于他和太后的传闻便对这种疑问做出了最为巧妙的回应。原来如此，所有人都了解了为什么嫪毐无任何功绩却能封侯，也了解了为什么嫪毐会有目中无人的姿态。

当然，嫪毐的这种自负对他的发展也暂时性地形成了很大的帮助。因为很多阿谀奉承的官员都知道嫪毐是太后的宠臣，因此他们便都去依靠嫪毐，期望能在嫪毐那里分得一杯羹。久而久之，嫪毐的势力竟然越来越大，侍候他的僮仆就有一千多人，投奔他的门客竟也达到了千余。此时的嫪毐俨然成了一个小吕不韦，甚至有长江后浪推前浪的气势。

吕不韦对此感到异常不安，让他不安的理由有很多。首先，嫪毐的势力对自己就是一个直接的威胁。其次，嫪毐这人的名字越传越广，关于嫪毐的事也成了当下最热的新闻。在这种情况下，遮盖嫪毐和太后两人关系的那一层帷幕已经摇摇欲坠，一不小心便会被扯下，从而将两人的丑闻彻底暴露在光天化日之下。一旦这件事发生，对于自己无疑是不利的，因为当初正是自己直接促成了这种关系的形成。吕不韦很不安。

吕不韦再怎么不安都是枉然的，因为他的担忧很快便会成真，而到了那时候，自己也将尝到由自己种下的苦果。

秦王政九年（前238），这一年是秦王政举行冠礼的一年。举行冠礼之后，就意味着秦王政已经是一个成年人了，既然是成年人，属于他的东西就该归还给他，让他自己去安排了。因此，在这一年，秦王政从吕不韦那里收回了治理国家的大权。其实，吕不韦所以愿意让出权力，可能并不仅仅是因为秦王政举行了冠礼，最为关键的一点是，在这一年，秦国发生了一场大变。

这场大变便是由嫪毐发动的。按照刘向的《说苑》里记载的一则故事，说有这么一天，嫪毐和一群大臣在喝酒。酒喝多了，本就骄傲的嫪毐变得更加狂妄，或许是有臣子看他不舒服，趁着酒醉讥讽了他几句，于是两人便争了起来。在相争的过程中，嫪毐对这个冒犯他的大臣狂吼："吾乃皇帝之假父也，窭人子何敢乃与我亢！"意思是："我是当今君上的假父（继父的民间用语），你们竟然敢跟我相争！"这是何等狂妄的言语，所谓酒后失言，嫪毐的行为再次验证了这个真理。

这话对秦王政是一种赤裸裸的冒犯，那些早看嫪毐不顺眼的大臣便抓住这个时机，趁机向秦王政揭发了嫪毐。他们向秦王政报告了嫪毐的狂言，更将嫪毐的真实身份向秦王政讲述得一清二楚。关于此事，秦王政并不是从未耳闻，在他的心里早已经有了一定的框架。而这时候，这次控告似乎成了一个直接的原因，使得秦王政终于下定决心去面对并解决它。

当然，之所以选择这时候出手，也是因为当年正好是秦王政的冠礼大年。在权力的回收仪式上，秦王政希望自己能做出一件大事，来向他的"仲父"以及天下表明，他秦王政不是一个任人宰割的傀儡。

对于嫪毐的控告，秦王政下令彻查。这事传到了嫪毐府里，嫪毐自知大难临头，只好孤注一掷，先发制人。他伪造秦王和太后的印信，引领其上千名僮仆门客和少数受骗的军队发动政变，攻击蕲年宫。

对于嫪毐的反叛，秦王政早有准备。他派出了昌平君和昌文君领咸阳士卒前往堵截嫪毐，平息叛乱。为了更加顺利地平息叛乱，秦王政还对全咸阳城下令：有生得毐，赐钱百万；杀之，五十万。这个奖励大大激起了咸阳士兵的战心，他们力争往前，奋勇杀敌。嫪毐的叛乱本就得不到正道的支持，更兼他的那些僮仆门客也没多少强悍之人。因此，在秦王政军队的猛烈攻势下，嫪毐及其死党最终被一网打尽了。

嫪毐最后接受了车裂的命运，并被夷三族。和他同党的官员也个个被枭首，宾客舍人也都得到了应有的处罚。而他和赵姬所生的两个儿子，也被残忍地杀害了。至此，嫪毐之乱被彻底平息，秦王政以一出精彩的政治平叛，作为他执政的第一个事迹，让人们确信了这个君王确实够魄力。当然，人们也在这件事上看到了一种残忍的性格已经在这个君王身上显出了苗头。两个幼儿被无辜杀害，这是其一。其二，秦王政不顾念亲情，将他的母亲监禁在雍城的棫阳宫，后虽在大臣的劝说下将母亲迎回咸阳，但两人之间的裂痕明显让人看出这个儿子的无情。

秦王政借由平定嫪毐之乱的能力，从吕不韦那里顺利拿回了权力。此时的吕不韦得知嫪毐之乱后，深感慌张。他明白自己和秦王政之间的矛盾，而这个由自己看着长大的孩子在对付这件事上所表现的能力更让自己惊讶，吕不韦确实看到了自己那充满晦暗的未来。而对于秦王政来说，除掉吕不韦确实是他的下一个任务。

在除掉吕不韦的过程中，秦王政似乎不用太费力。秦王政十年（前237）十月，秦王政顺利罢免了吕不韦的相位，并将其遣出了咸阳，让其回到河南的封地。因为吕不韦的名望，他在封地竟然整天都有宾客来访问。这令秦王政很不安，于是他又逼吕不韦迁往相对荒凉的蜀地。吕不韦知道秦王政的意思，他知道秦王政总有一天会杀了自己，因此，在秦王政的一再逼迫下，吕不韦最后选择了自杀。吕不韦的死是必然会发生的，这是他和秦王政之间的矛盾激化到一定程度的后果。

在正式掌权的前几年，秦王政的心是恐慌的，这种恐慌最直接的表现便是逐客令的公布。而逐客令的公布作为秦王政执政生涯里的一个重要决定，对秦国的影响是巨大的。这种影响表现在它为秦国直接送去了一个出色的人才。

不是所有人都是坏人

自傲的嫪毐得到了他应得的下场,一步走错的吕不韦也从此被逐出了秦国的权力中心。不得不说,秦王政在处理这些事上表现了他雷厉风行的魄力。在和吕不韦多年的暗斗之后,秦王政终于将大权拿回了手里。但是,在得到至亲和部分臣子的欺瞒和背叛后,秦王政的心里也因此而蒙上了一层猜忌的阴影。

这种猜忌在获知韩国水利工程师郑国的真实目的后,便毫无遮掩地显露了出来。

早在吕不韦任相期间,韩国为了消耗秦国的国力,曾经派出了对水利工程深有研究的郑国潜入秦国内部,提议秦王政修筑一座规模宏大的灌溉渠郑国渠。按照郑国对秦王政的说法,郑国渠将以最大的效用来提高关中地区的粮食产量,对秦国的农业发展将有巨大的帮助。在古时,农为万业之本,农业发展了,必然带起其他事业的兴盛,因此,这个郑国渠的想法对吕不韦这种商人来说是挺有吸引力的。最后,在吕不韦的支持下,郑国便获令在秦国国内开始了他修筑郑国渠的行程。

郑国虽作为间谍来疲秦,但身为一个水利家,出于对水利工程的热爱，他也不失真诚地修筑着郑国渠。在这期间，他尽量地兴师动众，以此来耗用秦国的国力，但是，秦国国力却并未因此而减少多少。虽然这期间陆续有合纵联军进攻秦军，但总的来说，秦国在这时候的战争并未表现出任何处于下风的弱势。这使得郑国开始着急，眼看着郑国渠在秦国的土地上一步步地完善着，但疲秦的目的从未进步一分，郑国渐渐觉得自己前往秦国的意义已经被彻底地颠倒了。

虽然郑国渐渐地感到了不对，但人已在虎上，要下也没么容易，另外，郑国对于这个灌溉渠的修建也是充满着情感，因此郑国渠的修筑并没有因此而停住。但是，当秦王政亲政以后，郑国却遇上了危难时刻。

在秦王政亲政后，他很快便发现了郑国来秦国修筑郑国渠的真实目的。秦王政那被母亲和仲父伤害的痕迹还未痊愈，郑国的欺骗便再一次揭开了他的伤疤。这令秦王政感到恼羞成怒，他又一次尝到了被耍的味道，不安的他决定给这群人一个颜色瞧瞧。

当时，在秦国做宾客的外国人并不仅仅只有郑国一人，因为秦国的强大，很多其他国家的能人都纷纷来投靠秦国，企图在秦国大展其才。而郑国的事件却将这群人放到了一个很尴尬的位置上，郑国事件发生后，秦国的臣子便纷纷对这群外国宾客投去了有色的眼光。在他们心里，所有的外国宾客都是郑国这类人物，都是其他国家派来的奸细。因此，这些臣子便纷纷在秦王政耳边进言，希望秦王能驱逐所有外国的人。

这当然是很有偏见的看法，从这份偏激中我们可以看到当时秦国当地官员对于外来人士的排挤现象。毕竟，外来人士中确实有很多能人，而他们也都在秦国政府里占有了一席之地，这种对本国官员的挤兑现象是这群当地人所不愿见到的，因此他们会提出驱逐的想法，也是在情理之中。再说当时秦王政遭受一次次的欺骗后，确实对人心有了一定的不信任。就是这种伤痕，让秦王政最终采纳了本地臣子的建议，发布了一道轰动一时的逐客令。

所谓逐客令，就是驱逐客卿的命令。而所谓客卿，就是春秋战国时授予在本国当高级官员的外国人。逐客令的发布意味着，那些在秦国辛苦经营了几年甚至几十年的外国人，在事业上已经好不容易见了起色，却必须遭受一棒子打死的冤枉，而失去了他们在秦国继续发展的机会。因此，逐客令在外国宾客中引起喧哗，所有的秦国客卿对此都感到愤愤不平。

而在这群客卿里，有一个人将这种不平化成了力量，因此写就了一篇铿锵有力、字字珠玑的劝谏文章。这个人就是李斯。

李斯是楚国上蔡（今河南上蔡西南）人。李斯的出身不高，但志气颇高，小时候便喜欢阅读经典，到最后竟也成了稍有文采的人，更兼写了一手好字，因此便被当地官员选中，当了一个掌管文书的小吏。能力出众的李斯在小吏这种职位上干得无聊异常，觉得小吏这种职位根本毫无飞黄腾达的机会。因此，在当时争名逐利的时代里，不甘寂寞的李斯也决定踏上他的官场之路。关于这点，司马迁还记载了一个有趣的故事。

据说，李斯在当小吏期间，曾经有两个场景在无意中吸引住了他的目光。其一，一群厕所里吃大便的老鼠，遇到一点动静便立即落荒而逃。其二，在米仓里的老鼠，有大堆的米粮可以吃，又不担心有人前来，因此毫无顾忌地在里面嬉戏交配。这两个场景触动了李斯的心，于是他发出了这样的感慨："人之贤不肖，譬如鼠矣，在所自处耳！"李斯从两个不同环境里的老鼠所拥有的不同命运出发，认为人正如鼠一样，本无智愚之分，不过是因为所处环境的不同，而有了不一样的道路。为此，李斯觉得在当时的社会里，只有自己去力争上游改变环境，才有可能像米仓里的老鼠一样。志气本高的李斯在两群老鼠的教训下，将小吏这个职位彻底地摒弃了。

辞去小吏之位的李斯来到了齐国，拜见了当时名声最大的儒学大师荀子，后便在荀子底下当起了学生。李斯在荀子这里学习了所谓的帝王之术，研究如何治理一个国家的实际问题。几年后，在诚诚恳恳的学习之后，李斯已经成了一个满腹经纶、才华横溢的学者。这时候，李斯觉得自己已经完全有能力出去闯天下了，于是，李斯便拜辞了师傅，踏上了他的求职之路。

在对当时局势的分析之下，李斯最后选择了秦国。在临行前，当荀子问了李斯为何选择秦国时，李斯回答说他认为秦国已有统一六国的气势。从这点来看，李斯的政治观察力是敏锐的。而当师傅再问起自己为何要出山时，李斯的回答便可将他的性格清晰地勾勒出来。李斯认为卑贱穷困是最悲哀的事，只有去争名逐利才是读书人的真正意义。这一席话揭露了李斯现实主义的法家性格，也决定了李斯后来的命运。

李斯辞别荀子后，便来到了秦国。当时秦庄襄王刚死，吕不韦也正在广招门客，于是李斯求见吕不韦，希望能投入其下。吕不韦见李斯是个贤人，又知其是大师荀子之徒，便乐意地收了他当门客，还将他推荐给了秦王政，当个小官。李斯在秦国当官后，便因此有了面见秦王政的机会。有一次，他抓住了时机，给秦王政上言，说出了自己的政治构想。

李斯劝说秦王政要趁秦国强大之时灭六国诸侯，完成统一大业，更为秦王政提出了具体的离间之计。李斯的战略很得秦王政的青睐，李斯也因此获得了秦王政的关注，后因这番提议被任命为客卿。

此时，李斯在秦国的地位已经到了客卿的程度，也算是秦国的大官了。可是，当李斯在感叹自己即将成为米仓里的老鼠时，一道逐客令却将这种幻想给打破了。当李斯听到秦王政下逐客令时，和其他客卿一样，李斯也是在心里直喊冤枉。但和其他客卿又不一样，愿意奋力争取的李斯不愿接受这个事实，他决定用自己那出色的才华来劝一劝秦王政，挽回秦王政的心，让他明白并不是所有的外国人都是坏人。于是，李斯便一气呵成，写下了一篇流芳百世的名作《谏逐客书》。

《谏逐客书》引经据典，条理清晰，让阅读之人融入那充满理性的说理之中，瞬间觉得文中所言有理有据，实属真理。秦王政读了这封劝谏书后，看到了其中列举的秦国历史，读到了其中提到的每一个道理，便立即被李斯的文采所感染，瞬间有了收回命令的想法。此时，又逢郑国向秦王政表明了一个事实：修建郑国渠的本意虽然是为了消耗秦国国力，但郑国渠的修筑对秦国发展的帮助却远比这种消耗还多。这时，秦王政才真正觉得自己的逐客令是太过分了，于是，不顾本国官员的惋惜，秦王政便下令撤销了逐客令。

李斯的《谏逐客书》让秦王政回到了正常的用人之道，为了奖赏李斯让自己及时回头，秦王政从此更加重用李斯。李斯因此而成了秦王政的左右手，为秦王政后来的施政提出了许多看法。而秦王政的及时回头也确保了郑国渠的继续修建，从而让这座伟大的水利工程得以顺利地在秦国竣工，为秦国的发展做出了难以估量的贡献。

小肚量害死人

自李斯上《谏逐客书》之后，秦王政便对这个贤臣越来越看重。当时秦王政刚接过政权，正需要有一批贤臣来辅佐自己，李斯的出现因此给了秦王政一个很大的帮助，为此，秦王政任命李斯为廷尉，属秦国九卿之一，是主管司法的最高官吏。李斯在秦国有了自己的一席之位以后，便开始在这上面大施拳脚。

此时的李斯已然到了当年自己所认为的米仓老鼠的地位，因此，李斯对自己现在所拥有的一切极其爱惜，无时不在担心着自己的地位是否会有失去的一天。想起当年他离开荀子的时候对荀子说过的话：贫困和卑贱是他最鄙夷的悲哀生活。我们便足以理解为何李斯会死死地抓住自己的权力，不顾一切地往上爬着，而绝对不愿让自己再退回起点——那段当小吏的无趣生活对李斯来说是场噩耗。

李斯对处境的看重让他成功地走到了九卿的位子，在不久之后更让他当上了丞相。但这种过分偏激的看重也注定令其成为李斯的死穴，让李斯因此而犯下一个又一个的错。不说后来李斯帮赵高发动了沙丘之变，助纣为虐的他因此而走上了灭亡的道路。单就从当下的事来说，李斯便做出了一件令后人极其诟病的事来，这件事便是妒杀韩非。

韩非是韩国人，韩王室的公子。年轻时跟随大儒荀子学习，和李斯曾有同窗之谊。韩非和李斯一样，也对刑法之学颇有兴趣，对帝王之术深有研究。但在性格方面却和李斯大相径庭。李斯此人的道德观基本是法家的，儒家的仁义之学对他丝毫没有吸引力，这也是他最后放弃了自己的国家而选择秦国的原因。韩非虽也是法学人士，但仁义的道德观在他身上却也占有一席之地，因此他并没有选择当时强大的秦国，而是希望能尽自己的力量帮助时已衰微的韩国。当然，两人之所以有这样的选择，他们的身世也是很大的因素之一。李斯在楚国是平民一个，毫无地位，但韩非却是韩国的公子，这种处境的相异也注定了两人不同的选择。

韩非和李斯一样，是荀子的得意学生，但韩非本身有一个缺点，对他的发展起到了很大的阻碍作用，这个缺点便是口吃。一个口吃的人很容易让人觉得是个傻子，最起码不会是一个聪明人。这当然是一种偏见，但对于这种偏见，韩非的心正如他的嘴巴一样，根本无力去争辩。因此，韩非虽然有意在韩王面前立功，却总是得不到韩王的重用。当然，将韩非得不到重用的原因归在口吃上面是有点简单的。韩非之所以得不到重用，最主要的原因还是韩王的平庸，这种平庸注定了韩王根本不够眼光去挖掘这个人才。毕竟，当时韩非给韩王提的建议很多都是以上书的形式的，而韩非的文笔可是令当时的大家李斯都自叹不如的。因此，韩王的平庸注定了韩非这个人才被埋没的命运。

韩非见自己的建议从未被韩王重视过，心里便起了牢骚，他认为这是"廉直不容于邪枉之臣"，便愤而退离朝政，当一个愤世嫉俗的文人，写起了他的文章。结果，在这段时间内，韩非将一股怒气注入了他的灵感里，竟写成了洋洋洒洒十万余言的文章，其中包括《孤愤》《五蠹》

《内外储》《说林》《说难》等著作。

韩非的书籍渐渐在当时的名人之间传播着，人们也开始认识了这个法学的新一代人物，因此，韩非的名声越来越响。但是，虽然如此，韩王仍然对韩非这个结巴不屑一顾，韩非在韩国的境遇并没有因为他的文章而有所改善。但是，有所为必然有所得，韩非的文章已经传到了秦国，当时，有秦国人便将韩非的文章推荐给了秦王政。到了这时候，属于韩非的曙光才明亮了起来。

秦王政看了韩非的《孤愤》《五蠹》等书，便觉得这个人非但文采斐然，更是见识非凡，当下便对韩非起了敬佩之情，直言："嗟乎，寡人得见此人与之游，死不恨矣！"这句话就如同孔子那句"朝闻道，夕死可矣"（《论语·里仁》）一样，可见在看完文章的当下，秦王政心里对韩非确实有了一个神仙般的向往。

秦王政对韩非的钦佩之色满溢于脸，却苦于没机会和写下这些文章的作者见上一面，聊聊哲学，聊聊世界。这种思之切、求之难的心情被李斯瞧见了，为实现秦王政的愿望，李斯便向秦王政讲述了这个作者的身世。秦王政得知作者是韩国公子以后，便下了急攻韩国的命令，因为他希望能借此而威胁韩王献出韩非。

这次进攻对韩王造成了很大的威胁，但当韩王知道秦王政不过是为了一个韩非时，便立即下令韩非以韩国使者的身份进入秦国，说服秦王停战。于是，在秦王的逼迫下，韩非终于从韩王那里获得了他的第一个重任。

秦王政成功地迎来了韩非，正式见到了这个心中期盼已久的贤人。不知道当秦王政发现韩非是一个结巴的时候，心里是否会有一点讶异。但是，有文章的好感在前，韩非的结巴并不会让秦王政对他的看法有任何改观。而在和韩非的正面交谈之后，秦王政对这个韩国公子也有了更大的兴趣。在他心里，韩非绝对是一个能力出众的人。

但是，虽然秦王政对韩非颇有好感，却并没有因此而信任并重用韩非。在秦王政的心里，韩非或许只是一个能人，而郑国的事迹也还在时刻地提醒着他：必须多注意这些外国人。因此关于是否重用韩非，秦王政更希望能和李斯这些大臣商量商量。这之后，历史的说法基本都倾向于李斯因为嫉妒韩非，怕韩非抢了自己的碗饭而劝秦王政杀了韩非。其实，杀了韩非一事或许有李斯的小肚量问题，但其中还有更大的原因。

当时秦王政已经在准备攻灭六国的事，而按照李斯的战略，弱小的韩国是排在六国里的第一个的。但是韩非是韩国公子，他当然不会赞同李斯的战略，因此便和李斯产生了意见相左的矛盾。这便让李斯觉得，韩非这人绝对是阻挡自己继续前进的敌人。因此，本就对韩非得到了秦王的赏识而有所嫉妒的李斯，这时候便将韩非视为政治上的最大敌人。

此外，从《战国策》里还记载了另外一件事。在秦王政着手攻伐六国之后，很快地，韩、魏两国便已经处在苟延残喘的地步，对此，其余四国便打算再次结成合纵联盟来对抗秦国。为破这次联盟，秦王政派出了姚贾去劝说分化四国。但是，利用这个机会，韩非对姚贾进行了毁谤，说其是"世监门子，梁之大盗，赵之逐臣"，使得秦王政曾一度不信任姚贾而将其召回，多次中断劝说的任务。因此，姚贾也和韩非结下了恩怨。

这之后，姚贾便和李斯站在了同一战线，两人合起来设计除掉韩非。这两个人便向秦王政上言，说韩非是韩国公子，心系韩国，并无心向秦，与其留为后患，还不如将其定罪斩杀。秦王政虽然爱惜韩非是个人才，但在政治上毕竟不敢用他，留着非但用处不大，更有可能成为后患，便同意李斯的建议，令李斯随便给他网织个罪名，将其关押起来。

后来，韩非在监牢里收到了李斯令人送给他的毒药，无处陈情的他最后只能在李斯的逼迫下自杀身亡。再后来，秦王政觉得韩非实在是不可多得的贤人，便后悔当初的命令，令人立即前往监牢赦免韩非。可惜，当秦王政后悔的时候，韩非却早已经死了。

从韩非的事迹中可以看出，当时韩非在秦国的时候仍一味护着韩国，这便是秦王政无法重用韩非的原因，更是成了李斯除掉韩非的原因之一。因此，当讲起李斯和韩非的事迹时，对于李斯的一味责怪是不全面的。他们两人之间的矛盾或许还掺杂着李斯的嫉恨，但各为其主也是一个很重要的原因。

李斯除掉韩非这件事究竟是对是错，现在已经很难去判定了。但是，能判定李斯功绩的事件却还有一大堆，其中最重要的便是对统一六国的策略制定。这份想法在吕不韦还在世的时候便已经在秦王政心里待着了，这时候，秦王政权力在手，便风风火火地做起这件事来了。

秦王政统一六国的道路，正式启程了！

第二章

天下一统：再创一个完美世界

准备各个击破

在剪除了嫪毐和丞相吕不韦的势力后,秦王政将统领全国的权力拿了回来,开始了他由一个诸侯国君主走向帝王的道路。如果说之前的逐客令是在内政上给了各个诸侯国一个心理上的打击,那么在这之后的军事行动便意味着秦王政已经开始了他伟大而艰巨的目标——灭亡六国。

早在吕不韦当权的时代,李斯便向秦王政提出了这个总目标。虽然李斯因此而获得秦王政的青睐,但灭亡六国的计策在当时并未有任何大的突破。小的成就是存在的,但这并不能让颇具野心的秦王政感到满足。只有顺利攻下一个国家,秦王政才能感觉这个总战略是具有可行性的。

对于此,为了增加秦国的信心,李斯对当时的六大诸侯国进行了一次分析。

韩国。整个韩国历史除了在韩昭侯时代有过短暂的辉煌外,其实力基本都是排在七国最后。而早在韩桓惠王时,韩国便已经臣服于秦国。到了秦王政初年,韩国的疆域更是大大缩减,只剩下都城阳翟与其周围十多个中小城邑。这种实力在强秦面前不堪一击,基本上已经沦为一个不入流的小国了。

赵国。赵国本为北方强国，在赵武灵王时实行改革，其国力到了足以北抗匈奴、南抵强秦的地步，成了秦国东进的最大阻碍。但这之后，在长平之战以及邯郸包围战之后，赵国便基本走上了衰退的道路。更兼赵王虽有良将，却不懂重用，因此频频被秦国有机可乘。

魏国。魏国曾在魏惠王时威慑整个战国，但这之后便屡次受西方的强秦打压，疆域不断缩小。后虽有信陵君窃符救赵，重拾魏国威望。但魏安釐王终究昏庸，非但没有乘胜追击，还罢用信陵君，从此失去了东山再起的机会。

楚国。楚国在南方一直独大，但自秦将白起攻陷楚都之后，楚国的实力便开始直线而下。这之后面对强秦的压迫更是屡次迁都，从而大大地挫败了楚国将士的士气。因此，此时的楚国和齐国一样，空有一个区域性强国的称号，而早已失去和秦国单独作战的力量。

燕国。一个燕昭王将燕国带入了强国之列。但这时候，到了燕王喜当政时期，在外交上不与近邻赵、齐修好，又常常无故发动混战，因此形成劳民伤财、国力损耗巨大的局面，最后成了在六国之中只略强于韩的弱小之国。

齐国。自燕将乐毅连拔齐国七十余城后，之后虽有田单用火牛阵力挽颓局，收复失地，但齐国从此衰败已成不可争议的事实。齐威王当年建立的霸业早已成为历史的尘埃，齐国的东方大国地位已经成了有名无实的称号。此时的齐国经济发展缓慢，政治落后，国君齐王建是个无能之主，更兼国内缺乏贤人能臣，除了坐以待毙，早已失去了复强的力气。

这是对其余六大国的大致分析，这种分析确实增进了秦国灭亡六国的信心。从分析中看，六国已经没有任何一个国家足以单独和秦国对抗，秦国的统一之路轻而易举。虽然如此，秦王政对统一之路却没有太大的信心。因为如果一国一国地进行分析，那秦国独大的局面自然是事实，但是如果六国合纵对抗秦国，那秦国的统一之路必将阻碍重重。

秦王政的这种担忧并不是没有道理的，早在几年前，秦国便分别被信陵君和春申君统领合纵联军直逼到函谷关。这两次大败在秦国的统一之路上划下了两道巨大的伤痕，令秦国虽有雄心壮志，却也不得不胆战心惊地去走每一步。当然，这也并非仅是秦王政的担忧，李斯在提出统一的伟大构想后，他也必须面对六国合纵的难题。

但是，在之后的一次对抗合纵联军的战争中，李斯看到了一丝希望。

这便是发生在秦王政六年（前241）赵将庞煖率领合纵联军进攻秦国的战争。当时，在这合纵军中，燕国和齐国是没有参加的，而之后，四大国虽逼近咸阳，却因为各有私心而迟疑不前。而当吕不韦率军进攻楚营时，楚军更是不战自退。楚军一退，其余三大国便也各自散了回去。从这场战争中，李斯看到了六国之间的团结是脆弱的，而当时齐、燕没有加入合纵，部分原因也是因为它们的土地和秦国没有直接相邻，彼此之间的敌对关系较弱，因此不愿和其余四国蹚浑水。在这种分析之下，李斯觉得各个击破的可能性是存在的，因此，为顺利实现灭亡六国，李斯继承了范雎当年提出的著名策略——远交近攻。

远交近攻在不同的时代背景下有了新的历史含义。李斯提出的远交近攻战略用十二个字来总结就是笼络燕齐、稳住楚魏、消灭韩赵。先交好远方的燕、齐两国，稳住隔壁的魏、楚以防它们趁机捣乱，在此时及时消灭最弱、最近的韩、赵。韩、赵一灭，立即进军魏、楚，而后再一举东进，灭了燕、齐。这是一个先弱后强、先近后远的具体战略步骤。如果能顺利地做到这一点，那分化六国而后一一击破的目标便能顺利达成，统一也便在即了。

这当然是一个很好的具体战略，但六国能让秦国的如意算盘打得那么好吗？秦王政虽听了李斯的献策后精神大振，但要具体实施起来也难免感到棘手。何况，在当时秦王政的手下，虽不乏猛将和文臣，但熟悉军事理论的军事家却是极其缺乏的。在这种情况下，秦王政想要以迅疾的速度灭掉六国仍有难度，因此秦王政仍然感到困惑。就在秦王政困惑的时候，有一个人的出现解决了他的难题。

这个人的名字叫作尉缭。尉缭是著名的军事家，著有《尉缭子》一书，这书在古代就被列入军事学名著，受到历代兵家极力推崇，与《孙子》《吴子》《司马法》等在宋代并称为《武经七书》。由此看来，尉缭正是秦王政所需要的人才，因此他的到来为秦国注入了一股坚定的信念。

尉缭是在秦王政十年（前237）来到秦国的。据说，在尉缭刚进入秦国，看见秦王政的时候，便对眼前的这位君主产生了不好的印象。尉缭擅长看相，他认为秦王政的面相刚烈，此人在有求于人时会虚心诚恳，但在遭遇冒犯时又会露出非常残暴的一面。因此尉缭认为秦王政缺少关爱百姓的仁德之心，便有意离秦国而去。但对于尉缭的逃离，秦王政每次都派人将其追回，之后非但不怪罪尉缭，更以和善示好的态度礼遇之。这令尉缭感到些许忏悔，秦王政的坚定最后留住了尉缭这个人才。

尉缭在决定辅助秦国之后，便针对统一六国的总方针给了秦国一个具体战略。这个战略和李斯的想法是一样的，尉缭希望秦王政能采取远交近攻、各个击破的战略来实现他的统一之梦。这之后，尉缭更建议秦王政不要吝啬财物，而要用这些财物去贿赂各国的权臣，利用这些权臣来扰乱六国的合纵想法。

尉缭的一席话和李斯所见略同，但他提出的分化策略更进一步，从六国之间前进到每一国之内，这种内部渗透的反间计大大增加了秦王政的信心。既然有两个大臣都这样认为，那必不会错了。秦王政选择信任这个战略，因为他没有多余的时间去迟疑。迟疑是最可怕的魔鬼，会让你错过一个很好的机会。关于这点，在举行冠礼拿回权力的那天便雷厉风行地解决了嫪毒之乱的秦王政，是比任何人都清楚的。

在做出决定之后，秦王政在李斯、尉缭以及一班臣子的支持下，已经开始将他的手脚施展在整个大地之上了。在毫无经验的基础上，秦王政便将目光拉到了灭亡六国的目标上。这次行动注定是一着险棋，也将成为秦王政执政以来的壮举。秦王政有办法驾驭这个宏大的志愿吗？

小韩扛不住了

在李斯和尉缭为秦王政输入了大量的信心后,秦王政便下定决心开始他各个击破的统一之路了。此时,就在整个秦国的支持中,秦王政开始将他的野心公之于世。他相信,在不久的将来,整个眼所能及的土地,都将收进他秦王政的口袋里。而按照灭亡六国的计划,秦王政的第一个目标,便是六国中离自己最近又是相对弱小的韩、赵两国。这两个国家,在强秦的恃强凌弱之下,还扛得住吗?

当秦王政在赵国这块土地上碰了几次壁后,事实便证明了赵国还具备对抗秦国的实力。为此,秦王政便顺势将目标定在了最弱小的韩国身上。

韩国看来已经有点危在旦夕了。这个七雄之中最为孱弱的国家,早期夹在秦、魏、齐等各大国之间,四面楚歌的环境决定了它难以往外实现突破的道路,要不是曾有韩昭侯立志改革,更得申不害等能臣大力变法,韩国想跻身七雄之一似乎都缺乏正当的理由。

虽然在韩国的历史上曾经有过短暂的辉煌,但这种辉煌也只能保证这个国家不被他国侵犯而已。因此,若严格说起来,韩国从来没有达到

阿房宫图轴　清　袁耀

骊山避暑图 清 袁江

一个大国的地位，在多年的战国动乱中，它始终是遭受最大伤害的那一个。而韩国之所以能经久不亡，在很大程度上也是因为它所处的地理位置给其余六国所带来的战略价值。

在战国早期，韩国便已经成为魏、齐之间的争霸资本，马陵之战是这种局面最大的注脚。后来秦楚争霸时，韩国又受挟于秦国，与之共同伐楚。之后，到了战国末期，韩国更是成了秦、齐两国之间战争的缓冲地，苟延残喘地存在着。而发生在秦、赵之间的著名战役长平之战更是由于韩国上党郡而起。所有这些都充分表明了，在韩国的发展史上，它基本都是作为俎上鱼肉，受人控制，任人宰割。

韩国的实力和它所处的地理位置都决定了它作为秦国第一个靶子的命运。韩国的地理位置对于秦国来说也是极其关键的，它遏制了秦国经由函谷关东进的道路，如同当年想要东进的秦穆公必须先将目光放在晋国身上一样，秦国如果想要往东有所突破，韩国这个障碍便不得不除。就是在这种情况下，秦、韩之间才经常爆发战争。而其余五国也深知韩国对于秦国的重要战略位置，因此在秦、韩交战中，不时有其他国家出手相援韩国。当然，这种相援活动的收获并不是很大，结果，在多次的战争后，韩国的疆域不断为秦国所侵蚀，而到了秦王政年间，竟然只剩下了都城阳翟与其周围的十多个中小城邑。

秦王政十四年（前233），当秦王政的大军直入韩国时，当时的韩王安已经束手无策，只好向秦国纳地献玺，正式降为秦国的藩臣。在这场战争中，韩国失去的并不仅仅是它那七雄之一的地位，更令人感到可惜的是，在这场战争里韩国失去了它一个非常重要的人才韩非。

韩国不是没有复强的机会的。历史送给了韩王安一个韩非，但没有人知道如果有韩非辅佐，韩国是否会有雄起的可能性，因为韩王安彻底向历史拒绝了这个试验。对于韩非的屡次进言,对于韩非提出的许多救国措施,韩王安身为一个弱国之主,却始终没有以正眼的态度来面对。此时的韩王安正如王安石笔下的那个歌女一样,"年年犹唱,后庭遗曲"。

如果韩国有一个立志高远的君主,那它或许还有的救。但当历史决定让韩王安来坐这个椅子的时候,韩国便注定从此失去翻身的机会了。

韩王安身处险境却不思进取,他的态度引起了臣子们的不满。在韩国,有点眼色的人都知道韩国不久便将败于秦国之手。韩非的离韩赴秦,虽说是因为韩王安的任命,因此里面并没有任何叛离韩国的味道,但此举无异于在当时的韩人心中激起了万千情绪,似乎选择明主才是明智之举。这之后,当韩非死在秦国的消息传到韩国后,韩人对自己所效命的这个国家产生了更大的失望。在一个弱小的国家里,又有一个不思进取的君主,这样的政权值得自己为之而奋斗吗?

韩国从上到下开始了一种分崩离析的危险,而这种危险正好给了虎视着它的秦国一个很好的渗透机会。按照尉缭的计策,在对付六国的过程中,分化的不仅仅是六个国家彼此之间的关系,更要从每个国家的内部进行分化渗透,离间君主和臣子之间的关系。而韩国此时的情形正好让这个计策有了用武之地,因此秦王政便开始在韩国培植亲秦势力,企图以这股势力来控制韩国,最后达到灭亡韩国的目的。

在这次的分化策略上,秦国选择了时任韩国南阳郡郡守的腾。腾是当时韩国仅存极少的能臣之一,姓氏不可考,只知其名为腾,后因在秦国官封内史,故称内史腾。秦王政十六年(前231),尉缭的内部分化开始在韩国起作用了。就在这年,内史腾主动向秦国投降,并将所领南阳地(今河南境内太行山南、黄河以北地区)全部献给了秦国。秦国轻而易举地接受了韩国的一块土地,令疆域本已狭窄的韩国更显窘迫。

没有人能对内史腾的叛离表示指责。所谓识时务者为俊杰，内史腾的叛离代表了一种历史潮流，即天下英雄即将全部会聚在秦国的土地上。另外，对于韩王安，对于这样一个不知亡国恨的君主，不说他的臣下遗弃了他，就是历史遗弃了他也是一件理所当然的事。

南阳郡一失，本已束手无策的韩国除了静静地等待死亡的来临，再也不能进行任何程度的反抗了。而南阳郡的得手对秦国的意义也是重大的，这之后，秦国将这块土地作为前进的基地，使它以一个跳板的姿态为进攻韩国做出巨大的贡献。除此之外，南阳郡为以后进攻南方的楚国也奠定了一个坚定的后方基础，在这方面，攻灭楚国的王翦还必须得对南阳守内史腾表示感谢。

南阳郡到手，韩国奄奄一息，这个时候正是出手的好时机。秦王政大腿一拍，决定立即送病入膏肓的韩国一程，免得看着它这般苟延残喘。秦王政十七年（前230），秦王政派出了大军直逼韩国都城新郑（今河南新郑）。此时，新郑里的君王除了颤抖以外，聚集士兵的力量早已消失在他那毫无顾忌的岁月里了。

秦王政在选择攻灭韩国的将领里看中了内史腾，这似乎是一件理所当然的事。从内史腾献上南阳郡后，新郑的攻伐便注定给这个韩国降将来执行了。毕竟，有哪一个秦国将领会比一个韩国将领更熟悉韩国的情况呢？而对于这个问题，内史腾给了秦王政一个完美的回应。就在秦王政下令内史腾出征不久后，新郑被一批渡过黄河的大军所灭这个消息很快便响彻整个云霄了。

韩国终于从此消失在历史的舞台上了。当韩王安被内史腾俘虏的时候，看到这个曾经是自己手下的将领时，韩王安是否会愤怒地问他一句："你为何要背叛我？"而在这一番询问过后，韩王安是否会得到一个令人心寒的回应:"是你逼我的。"无论韩王安是否为他的沉沦而自责过,他都不得不接受这样一个事实:他昔日掌握的国家,如今竟然成了他人的郡县。秦王政十七年(前230),秦国在韩地设置颍川郡,建郡治于阳翟(今河南禹州)。

韩国灭亡了,它在实践上给了秦王政更大的信心,这种信心是李斯和尉缭所不能给的。韩国的灭亡说明了秦国确实能采取各个击破的战术,而挑拨离间的手段更是以兵不厌诈的理论依据大大地发挥了它的效用。秦灭六国的道路已经成功地踏出了一步,只有到了这个时候,秦王政才真正觉得自己和他之前的所有先祖都是不一样的,因为他们没能做到的事,他秦王政做到了!

当然,秦王政要高兴还太早。除掉一个韩国并不能代表秦国的统一之路即将顺畅地走下去,在韩国之外,还有另外五个国家在等着秦军。秦王政眼前这条路仍旧迷茫而曲折,他只能继续摸着石头过河,有如先祖在西垂之地兢兢业业地开垦着一片居住地时的诚恐。

但刚强的秦王政抛开了一切疑虑。此时,在秦王政的心里,只有两个字闪现着,这是继韩国之后的另一个国家——赵国。

找来燕国帮帮忙

秦王政在韩国这块土地上证实了秦国具有灭亡他国的实力，这大大增加了秦国的信心。但是，这种信心也因为韩国的弱小而带上了局限性。对此，秦王政不得不继续拿一个更加强大的国家来开枪，来向世界，也向自己证明，秦国确实有统一的潜力，而这个国家毫无疑问便是赵国。

早在灭亡韩国之前，秦、赵两国便陷入了交战的场面，也就是说，在秦王政的动作之中，赵国是早于韩国的一个目标。但是，赵国比起韩国来毕竟还是强大了，因此秦国在赵国这里竟然摔了一大跤。

在考虑赵国这块土地的时候，秦王政比之韩国是多花了点心思的。毕竟秦王政明白，赵国之强大是一时难以打下的。而且当时韩国还未被秦国灭亡，秦王政对于统一六国的信心仍旧有点缺乏。因此，在进攻赵国前，秦王政希望能做好十足的准备。而根据李斯和尉缭的战略，在对抗赵国之前，必须先拉来燕国帮帮忙。

这个分化燕、赵两国的计谋是有根据的。当时燕、赵两国正处于矛盾激化期，小战不断，大战一触即发。记得当年那个十二岁的丞相甘罗吗？他曾经劝说赵王直接献出城池，以防止秦、燕两国联盟夹击赵国。

从这个事件便可看出当时赵、燕两国的紧张局势丝毫不下于赵、秦两国，而当年吕不韦也看中了这一点，因此早就派出了张唐作为使者结好燕国。在这样的背景下，秦王政很自然地继承了吕不韦的战略，因此便派出能说善道的使臣进行了一场挑起两国战火的行动。

在两国之间早已存在的嫌隙使得这种战火的挑起是很容易的。最后，秦王政还没出手，燕、赵两国就大战起来了。两国的大战给了秦王政很好的机会，这也正是他苦苦等待的机会，这次终于到来了。因此，秦王政十一年（前236），秦王政以援助燕国为由，派出了大将以兵分两路的攻势夹击赵国。

此时的赵国正忙于北抗燕国，对于秦国的防线相对空虚，因此秦军的这次进攻是较为顺利的。一方面，秦将桓齮、杨端和一路军很快便攻占了邺（今河北临漳西南）、安阳（今河南安阳西南）等九座城邑。另一方面，王翦所率军队也迅速攻占了阏与（今山西和顺）、撩阳（今山西左权）。在这场战争中，如果说有什么令秦王政感到兴奋的，那除了顺利夺得赵国几座城池外，便是大将王翦的出场了。

历史关于王翦的记载开始于这场阏与之战。即便这是一场小型的战役，也足以看出王翦过人的军事才能。王翦在率军攻打赵国的时候，曾经对军队做出过一次调整。他令军中不满百石的校尉回家，然后从原军队的每十人中选出两人留在军中。结果，在这一番调整之后，这支军队中所留下来的都是军中精锐。迅速攻占了阏与便向世人证明了这支军队的气势之旺。

这两路军都取得了巨大的胜利后，桓齮一军又继续前进，于秦王政十三年（前234）顺利攻下了平阳（今河北磁县东南）、武城（今山东武城西），大破十万赵军，且杀了赵将扈辄。在平阳大败赵军后，桓齮又率军东出上党，越太行山深入赵国后方，由此攻占了赤丽、宜安（今河北藁城西南）。持续的胜利大大提高了秦军的士气，秦军以势如破竹的姿态向赵军发出了得意的挑衅，而夹在秦、燕两国之间的赵国，却明显感到力不从心。

两头忙的赵王迁急得像热锅上的蚂蚁，在朝的大臣们也没有一个有足够的能力来为赵王分担一些烦恼。难道就只能眼睁睁地看着秦国军队肆意地踏足赵国国土？就只能眼睁睁地看着他们任意妄为地侵犯着自己的子民？无能的赵王迁遇到一群无能的臣子，除了焦躁地来回踱步外，实在想不出还能有什么好办法。

绝境逢生的奇迹总是存在的，就在赵王迁濒临崩溃的时候，不知道是谁在他的耳边说了两个字，这两个字如一道闪电一样击中了赵王迁的头脑，赵王迁的眼前一片明亮，这两个字就是李牧。

李牧早在赵惠文王时期便受命带兵独当北部戍边之责。在和匈奴的对战中，李牧表现了他过人的军事才能，为赵国消除了几十年的匈奴之患，李牧成为自廉颇、赵奢之后的赵国名将。而当廉颇投奔魏国后，李牧便因此成了赵国国内的武将第一人。后赵悼襄王年间，李牧在对燕国的战争中也取得了令人钦佩的战绩。直到赵王迁即位，李牧对赵国的贡献早已到了无人可匹敌的程度。

李牧身为三朝元老，且能力出众，这样的大臣是让君主最为尴尬的。赵王迁论能力论威望都比不上李牧，就这一点来看，平庸的赵王迁躲不过身为君主都会有的猜忌心理。因此，李牧在当时并没有任职于朝中，而是被派往北方，继续他一贯的防卫北边的职责。当然，关于这点，一方面自然是因为李牧对北方事务最为熟悉，因此派他镇守北方。但另一方面赵王迁对李牧的猜疑也并非全然看不出来，不然这之后赵王迁也不会轻易中了王翦的反间计。

当赵王迁想到李牧的时候，立即派人将李牧从雁门调了回来，任命他为大将军，令他领兵抵挡秦国的大军。而当李牧回到朝中的时候，桓齮的大军便已经逼近了赵都邯郸。事不宜迟，李牧立即率领赵国国内的全部赵军，以他亲自训练起来的边防军作为主力，向着秦军到来的方向毫无畏惧地开进，最后来到了宜安附近，与桓齮的秦军对峙于此。

李牧认为秦军已经连续获胜多次，其士气之高令人恐惧，因此必须避其锋锐，消磨敌军，伺机进攻。于是，李牧没有贸然出击，而是采取了筑垒固守、拒不出战的应敌策略。另一边，桓齮也明白李牧的心思，他更明白秦军远出，不能久战。因此桓齮以一种积极的态度希望引诱李牧出战，为此，桓齮亲率主力进攻肥下（今河北晋州西），计划引李牧往援。李牧看出了桓齮的策略，因此他坚持不出战，时有赵将赵葱劝战，也被李牧果断地拒绝了。

这时，当桓齮的主力在肥地挑逗着赵军的时候，李牧却对这种挑逗不屑一顾，而将他的目光放在了秦营里。李牧知道桓齮主力已全到肥地，秦营必然空虚，而营中士兵也习惯了自己的深垒战术，因此时间久了必然疏于防备。深谙军事的李牧在算计到这一点的时候，立即毫不迟疑地下令士兵袭击秦军大营。秦营面对李牧的突然袭击，惊慌失措，很快便败下阵来，赵军由此俘虏了秦营内的留守将士并获得了大量辎重。

李牧之军可谓不鸣则已一鸣惊人，此次胜利大大扭转了赵军之前因屡屡战败而染上的颓丧情绪，激励了全体赵军，让赵军明白赵国还有一个李牧在，赵国并不会灭亡。这个消息也震动了桓齮，桓齮本想出奇招引李牧这只大虎出洞，却没想到反被李牧摆了一道，自己的窝倒让李牧给端了去。桓齮可咽不下这口气，立即领兵返回，准备大战李牧。

而此时李牧早已判定桓齮必会回军救师，因此他早部署了部分兵力于正面阻击敌人，然后将主力配置于两翼。待桓齮军队一到，怒火攻心的桓齮思考不了太多了，他看到了李牧的军队正在前方等着自己，便下令军队直冲，与李牧安排的中军正面接触。这时候，李牧立即下令两边的军队包抄进来，以夹攻的姿态将秦军围得水泄不通。秦军在中间遭受多方攻击，渐渐地败下阵来。最后，桓齮在亲随的保护下突出重围，无可奈何地将肥之战的胜利之功让给了李牧。

李牧此次大胜令赵国上下欣喜异常，赵王迁更是直夸耀李牧简直是他的白起，因此而封李牧为武安君。这时候，李牧在赵国的威望直逼白起在秦国的威望，对于武安君这个封号，李牧受之无愧。而成功塑造了肥之战这样一场经典的战役，也使得李牧的军事才能再一次获得了后人的认可。

相对于救国于危难之中的李牧所获得的荣誉，败将桓齮的命运可没那么好过了。桓齮在肥之战大败于赵军，担心受罚，遂失去了回国的勇气，因此便逃亡燕国，企图在燕国的保护下度过余生。可惜，既然燕国也在秦王政的灭亡行列中，那么桓齮的厄运便无可避免了。几年后，当荆轲前往秦殿准备刺杀秦王政时，他手里提着的人头便是桓齮的，桓齮又叫樊於期。

秦王政对于这次大败确实感到极其愤怒，本已到手的胜利却因为桓齮的大意而失去了。当然，这并不会就此挫败秦王政的野心，也不代表秦、赵两国的地位就此换了个位子。秦国仍旧强于赵国，秦王政从来都没有失去灭掉赵国的信心。

老赵这个亲戚算完了

秦王政十四年（前233）的肥之战令秦王政的统一之路遇到了第一次波折。可秦王政并不用感到沮丧，因为秦国的力量虽经此大败，却仍旧完全凌驾在赵国之上。因此，秦王政在失败过后，没有做过长的休息，便立即再次进攻赵国。

秦王政十五年（前232），在短暂的休整过后，秦王政再次出兵赵国。秦王政似乎很明白一个道理，即他有不休息的资格，但虚弱的赵国对此却缺乏享受的权利。因此，秦王政企图以机关枪式的进攻迅速搞定赵国。但是，秦王政却忽略了一点，阻挡他秦王继续往前一步的最大障碍并不是赵国实力微弱的军队，而是当时名声威震一时的大将李牧。

秦王政或许没想到一个将领可以让一个几近灭亡的国家再度复苏，可是不久后他即将见识到，一个人可以缔造的奇迹是如何巨大。

为抵挡秦军的再一次进攻，李牧又被派到了前线。面对秦军兵分两路的策略，李牧认为邯郸之南有漳水及赵长城为依托，秦军难以迅速突破，因此对于这路可以暂缓对付，只以部将司马尚率部据守。而对于由太原取狼孟（今山西阳曲）后东进番吾上的另一路大军，李牧便亲率主力北进抗击。

在这场战役中，李牧临阵不惊，指挥若定。先是在番吾给予秦军以沉重的打击，接着跟踪追击，及至驱逐秦军将其逼出赵境。然后立即回师南进，和司马尚两军会合，锐不可当。漳河沿岸的秦军早已听说另一路大军已经败退，此时闻讯李牧大军前来，在两军碰头之后便不战而走。

这场大战又一次以李牧的全面胜利而告终。当消息传到秦国的时候，秦王政大吃一惊，没想到赵国那颓败之师到了李牧手中竟然有了天降神兵的非凡能力，看来，李牧不除，秦王政想要往赵国前进一步似乎是一件非常困难的事。

可是，虽然赵国在此战中又一次大胜秦军，但和秦国三番两次的对决后，本就虚弱的赵国为应付这种不间断的进攻而变得更加筋疲力尽。此次大胜不过为赵国争取了一个残喘的机会，让赵国获得短暂的稳定。如果秦国继续以迅猛的姿态进攻赵国，那么便是有李牧掌兵，赵国也没有足够的实力来让李牧好好发挥。毕竟，媳妇再巧，总难成无米之炊。

福无双至，祸不单行，在对外面临秦军的持续进逼外，赵国还要面临内部的灾荒问题。当时，赵国国内发生了旱灾，由此形成了面积甚大的庄稼枯死、颗粒无收的局面。在内外问题的多重夹击下，赵国国内形势动荡，人心惶惶。赵王迁在这种情况下，虽有急切的救国之心，但也难施救国之法。

秦王政虽然被李牧这个人给吓了几次，但他也很明白当时的赵国国情。因此，在顺势灭亡了韩国之后，秦王政便立即将他的目光再次转回到赵国之上。于是秦王政十八年（前229），秦王政令王翦统率秦国主力直下井陉（今河北井陉），然后令杨端和率河内兵卒，共领兵几十万进围赵都邯郸。

赵国已经奄奄一息，毫无反抗之力。但不甘于此的赵王迁还是派出了李牧前往抵挡秦军，在李牧强大的能力之下，没有人敢说这个将领无法再为赵国创造奇迹。

虽然知道赵国的国情之衰败，充满信心的王翦一听到李牧的名字也难免感到慌乱，这个从未打过败仗的将领在王翦心中简直是完美的战神，仿佛白起再生，王翦对他充满着敬佩之情。这种敬佩之情让王翦明白，李牧的存在即使无法挽救毫无生气的赵国，但却能为赵国争取一点残喘的时机。而这点残喘的时机是秦国所不愿见到的，因为没有人知道在李牧为赵国争取到的时间内，究竟会发生什么变数。因此，王翦的首要任务不是进攻赵军，而是用计除掉李牧。

早在对待韩国的时候，秦王政便用分化渗透的战术拉拢了韩国大将内史腾，从而得以迅速灭亡韩国。王翦在内史腾身上得到了灵感，对于李牧，除了用反间计除掉他，王翦想不出更轻松的办法了。于是，王翦便献计秦王政，希望秦王政派出一个奸细前往邯郸，以重金收买赵国宠臣郭开，令其在邯郸内部散布不利于李牧的流言。

这个郭开是赵王迁的近臣，曾经诬陷过赵将廉颇，因此对于散布流言这种事可算是得心应手。于是，郭开便令人在邯郸城内四处散布李牧和司马尚勾结秦军准备背叛赵国的流言，这些流言很快便传遍了整个邯郸城。我们不知道邯郸城的居民听到这些流言的时候会做何感想，他们会不会愿意对这个国家英雄加上"奸臣"的名号，但是我们可以知道，赵王迁对此采取了信任的态度。在邯郸城风声四起的时候，再加上郭开在赵王迁耳边一直唆使，昏庸的赵王迁背弃了这个曾经救国于危难之中的战神，将他贴上了背叛国家的奸臣标签。

当李牧知道赵王迁委派赵葱和颜聚来代替他和司马尚的职位时，李牧以"将在外君命有所不受"为由拒绝履行这次命令。李牧知道赵葱这人完全没有军事能力，如果将整个军队交由他来统领，那么赵国必然很快就会失败。因此为了社稷臣民着想，李牧宁愿背上逆旨的指责，也不愿将整个国家拱手相让。

但是李牧的坚毅遇上了更加顽固的赵王迁，看到李牧不服从自己的命令，赵王迁更加认定了李牧的背叛之心。于是，赵王迁暗中布置圈套捕获了李牧，然后毫无怜悯地将其斩杀。李牧的死给了摇摇欲坠的赵国一个巨大的打击，从此之后，赵国失去了复苏的机会。自廉颇之后，赵国再次犯下了这种低级的错误，有这样昏庸的君主，又如何能不亡呢？

李牧一死，由他统领的军队便开始解体。这些士兵无不以李牧为英雄榜样，无不以身在李牧部下而感到自豪。可是现在，这个赵国的救星却被赵王以莫须有的罪名斩杀了，这伤了多少士兵的情，寒了多少士兵的心！军心涣散的军队已经失去了战斗的激情，赵国的兵败已经被提上了日程。

秦王政十九年（前228），在成功除掉了李牧之后，王翦便立即趁着赵国上下离心的时候进攻赵军。军事实力远差于王翦的赵葱，领着一支士气低落的军队抵挡着秦军。毫无恋战之心的士兵如何能打赢来势汹汹的虎狼之师？很快，赵军便全军溃败了，赵葱也死于沙场。

与此同时，在齐、楚等国做说客的姚贾也发挥了他的效用。在姚贾的挑拨下，各大国对于赵国的危机纷纷报以冷漠的态度，没有任何一个国家想出兵援救这个已经濒临灭亡的国家。赵国的腐臭味弥漫在整个战国的土地之上，但其他国家除了用手帕遮掩住鼻子外，什么表示都没了。

赵王迁彻底被孤立了起来，其他国家抛弃了他，他的臣民也因为他对李牧的陷害而对之恨之入骨。此时，在邯郸城内，赵王迁除了迎接王翦大军的来临外，还能做的就是反省他的无知了。

几个月的时间，王翦的大军便开到了邯郸。在邯郸保卫战中，赵公子嘉表现出了惊人的毅力，他率领着宗族子弟和宾客们奋力抵抗，誓死保卫邯郸。但是，软弱的赵王迁却再也无力应战了。最后，在郭开的摆布下，赵王迁打开了城门，让秦军以主人的姿态大举进入邯郸。邯郸失守，赵王迁也因此被王翦生俘，成了赵国的葬送者。当赵王迁到了另一个世界与李牧相遇的时候，他敢直面李牧的质问吗？他敢直面那些为挽救赵国而付出巨大努力的人的质问吗？几年后，赵人的后代会传扬这么一个故事：那个无知昏庸的赵王迁踹了赵国一脚，使它彻底摔入了覆亡的深渊。

赵国灭亡后，赵公子嘉逃出了邯郸，带领着宗族数百人逃到代（今河北蔚县西北），在此自立为王，被称为代王嘉。这不过是一种无意义的复辟，此时的赵国已经名存实亡，当年的都城邯郸从此成了秦国的郡县。

如果说韩国的灭亡为秦国的统一之路开辟了一条很好的道路，那么赵国的覆灭则是为这条道路铺上了一张鲜艳的红毯。在成功除掉赵国后，秦王政的心就像那条红毯一样，激情四射。得意和自信的神色满溢在秦王政的脸上，秦王政觉得，统一似乎也不是一件太难的事。

昔日的三晋成功除掉了两个，还剩下一个魏国。这时，同出一个襁褓的三晋，似乎再一次被一种冥冥之中的力量连到了一起。因此，在韩、赵走后不久，它们的兄弟魏国也很快就要去和它们做伴了。

魏国无力回天了

秦王政十九年（前228），赵国在秦国那毫无怜惜的进攻之下响起了亡国之音。当赵王迁在李牧前面尴尬反悔的时候，秦王政面对着李斯等一班臣子，脸上的得意之色显露无遗。韩、赵的灭亡确实大大清除了秦王政东进的障碍，但是在韩、赵两国之间的魏国还杵在那里，像一座孤岛般地挑衅着秦国。

说挑衅并不合适，毕竟魏国当时已经全然没有向秦国叫嚣的资本了。早在战国初期，这个一度辉煌的国家曾经掌握了控制整个中原大地的话语权，可惜魏惠王那盲目的自负，终让这个国家渐渐失去了他国对他站在最高位的支持。而桂陵之战和马陵之战的连续打击，更是宣告了霸权的更替——那根代表权力的权杖从此从魏国手上滑落，拉扯在秦、齐两大国家之间。

当魏国将权杖让出手以后，这个国家便从此再也没有力气去要回来了。之后，虽有信陵君那令人兴奋的窃符救赵，但魏安釐王的嫉才性格证明了，这次英雄般的壮举不过是魏国在衰退路上的一次回光返照而已。魏安釐王之后的魏景湣王（前242—前228在位），如果说历史对于他还有一点记载的话，那也完全是为了来歌颂秦王政的功绩。在《史记·魏世家》里可以看到，在这个君王的一生之中，除了关于秦国拔城的如流水账般的记载，司马迁没有写下其余吸引人的故事。

当然，单是这些流水账的记载，便足以令秦国上下动心。秦王政对自己在魏国土地上所取得的突破而感到自豪。虽然相较于灭掉整个韩国和赵国来说，这点成就还有待加强。但是，它确确实实地表明了，此时的魏国已经老到走不动的地步了。魏国已经老了，秦王政正准备来啃它这块老骨头了。

但是，在准备将野心延伸到魏国的土地上时，秦王政碰到了一些麻烦。之前，韩、赵还未灭，燕、楚两国才敢采取中立的态度。但当韩、赵两个国家的都城都被秦王政划为自己的郡县时，这两个国家便立刻感到自己已然上了姚贾的当，后者以惊人的口才顺利瓦解了这些国家企图再建的合纵关系。尤其是燕国，当赵国灭亡后，秦王政那可怕的疆域便扩充到了自己的身旁，这让当时的燕王感到担忧。而这种担忧所促成的直接行动就是秦王政二十年（前227）那一场引人注意的"荆轲刺秦"。荆轲那拙劣却惊人的行刺惹怒了秦王政，秦王政便决定先放下魏国，而转而北上，让燕王尝尝遇刺时的胆战心惊。

秦王政二十一年（前226），王翦受命出兵燕国，很快便取下了燕都蓟城，逼得燕王弃国后撤。为防止南方楚国后扑，秦王政便收回主力，将主攻方向转到南方。秦将王贲迅速攻下了楚国十余城，成功打击了楚国，令楚国不敢轻举妄动，由此保证了秦国出兵灭亡魏国的顺利。

在北方赶走燕王、南方控制住楚国之后，秦王政便立即下令南下进攻楚国的军队回军北上，准备送孤独的魏国最后一程。

当时魏景湣王已死，其子魏王假即位。关于这个君主，我们对其所知甚少，因为在对于他的记载上，没有如韩王安弃用韩非、赵王迁错杀李牧这样的戏码，因此对于这个魏国的末代君王，也自然就没有指责的必要。当他接过魏王这个位置时，魏国这座大厦已经基本宣布倒塌了，平凡的魏王假并没有力挽狂澜的气势。

秦王政二十二年（前225），王贲在秦王政的指示下，从楚地撤军，转而直逼魏国，魏国的覆亡已经进入了倒计时。

当时，魏王假吃上了前人种下的恶果——魏国已经丧失了大部分土地，只剩都城大梁（今河南开封）带领着附近一小撮城邑，如几艘架帆船孤独地颠簸在毫无边际的大海之中，又如几个无用的臣子在临死前还坚定拥护着中间这个倔强的君王。总而言之，大梁城这座曾经满载辉煌的城池，现如今成了一座迎风而泣的孤岛。

毫无所谓的边境抵挡不了秦军的进攻，大梁四周那稀稀疏疏的城邑完全阻止不了王贲的威风。很快地，在王贲如风的速度之下，大梁的四周已经响起了秦军围城的叫嚣声。这座有着多年光荣的抗敌史的城池，是否还能将秦军再次阻挡在城池之外？大梁城的任务之艰巨，在于它承担着整个国家的兴与衰。

大梁是个神奇的地方，当年魏惠王的自傲塑造了这么一座坚固的城池，曾经多次将秦、齐大军阻挡在城墙之外，令这两个国家为此而感到苦恼。大梁城，好似已经融入了魏惠王的灵魂，那喜爱权势又充满倔强性子的灵魂。在之后的历史发展中，大梁这座城池的重要性日益增加，无论是汴京，还是后来的开封，都在述说着这座城池那充满荣耀的过去。

大梁的顽固再一次令王贲感到烦恼，即使是名将王翦的儿子，这个和他父亲一样有着出色军事才能的将领，遇到这座古老的城池也不得不感到棘手。大梁城，在王贲的眼里，是一座满载骄傲的孤岛，其不愿低头的清高气质，令人难以仰视。

即使出动再多的军队，即使用再多的兵器，都没办法在这座城池的城墙上划下任何痕迹。大梁城的坚固，加上魏军在危机前那令人敬佩的反抗，都宣告了魏国还想继续活下去的欲望。王贲没有他父亲的幸运，能够遇上一个自愿献城的君王。但王贲有他父亲的才华，面对这座骄傲的城池，王贲自有他的攻城方式。

在强攻无效的困难面前，王贲必须另寻方法，他不能死死地和这座承载着魏惠王灵魂的顽固之城硬碰下去，兵力和时间都不允许他这种猛士般的冲动行为。事实证明，王贲不仅仅是一个驰骋沙场的猛将，他和他的父亲一样，还是一个彻彻底底的军事家。

在对大梁城附近的地势进行了一番观察之后，王贲便立即有了应付大梁城的对策。在这个对策里，王贲抛弃了任何兵器上的使用，对待这座坚固的城池，王贲选择了世上至柔的东西来摧毁它，这个东西便是水。

大梁城地近黄河，其旁又有魏惠王期间修建的沟通黄河和淮河的鸿沟。这两条河曾经保卫过魏国，这时候却成了王贲灭亡魏国的重要武器。虽然没办法突破至城内，但王贲在城外是始终保有主动地位的，因此当王贲引黄河和鸿沟之水灌入大梁城内时，魏王假和他的臣民们除了祈祷奇迹的到来，又还能做点什么呢？

河水如泛滥一般一直扑向大梁城，大梁城的顽固被这柔弱却无孔不入、无坚不摧的利器软化得力量全失。直到此刻，魏惠王的灵魂在母亲河的抚慰下才甘以隐遁于人世。三个月后，在灵魂撤离大梁的那一刻，这座满戴光荣勋章的神圣之地终于崩溃了，如巨人的崩塌，令人震撼之余又觉惋惜。

大梁城门开了，一脸不甘又沮丧的魏王假走了出来，向王贲献出了这座见证着魏国兴衰的城池。秦王政二十二年（前225），在大梁城陷落的那一刻，战国的地图上从此划去了魏国这个名词。

继韩国、赵国之后，它们昔日的兄弟魏国也灭于秦国之手了。这个时候，在秦穆公时代苦苦无法踏出的土地，已经全部收进了后人秦王政的囊中了。秦王政越发得意起来，三晋和秦国缠绵了数百年的历史终于在他这里画上了句点，他做出了前人所无法达到的成就，他的功绩已经完全凌驾在每一个先祖之上了。

秦王政的心慢慢地膨胀，当时的秦国臣子不晓得会不会发现这种自傲为将来秦王政管理国家时所埋下的祸根，但是其余国家绝对已对秦王政越来越狂妄的信心而感到不寒而栗。无论是燕国、楚国，还是齐国，此时它们的边境都已经全部暴露在秦国这匹西北恶狼的眼皮子下了。这三个国家在三晋灭亡后也开始瑟瑟发抖，因为它们都很清楚，秦王政的野心已经膨胀到难以消除的地步了。

继魏国之后，秦国的下一个目标便指向了盘踞南方的楚国。

半路上摔了一跤

秦王政二十一年（前226），秦将王贲奉命率军出击楚国，揭开了灭亡楚国的序幕。如果说当时的秦军南下其主要目的是控制住楚国，从而得以更顺利地灭掉魏国，那么当秦军再次南下时，则是正式为楚国敲起丧钟的时候了。此时，楚王负刍对秦军的来犯再也不能抱以侥幸的心理了。

楚国毕竟还是南方的大国，所谓百足之虫死而不僵，虽在战国后期经历了几次大败，但其广阔的地域以及国家留存的实力还是可以勉强和秦国决一死战的。因此，对于秦王政来说，这是在他的统一计划中最棘手的国家，如果这个国家能灭，那基本预示了秦统一的大势。

秦王政虽然承认楚国是当时六国之中最强大的国家，但在他眼里，楚国的实力顶多是另一个三晋，而三晋都被他灭掉了，那还需要再怕一个楚国吗？秦王政那天生的傲气令他有时候会表现出一份不靠谱的自负，但也不可否认，这份自负确实在秦王政的统一之路上起到了一定的推波助澜作用。

但是，仰着头走路久了总是会摔跤的。这一次，秦王政就得到了这个教训。

秦王政二十二年（前225），虽然在前一年楚王负刍向秦国提了献出青阳（今湖南长沙）以西以求和的协议，但在灭掉魏国之后，秦王政不希望错过一举拿下楚国的机会，因此他并没有给楚王负刍任何协商的机会。秦王政现在只有一个目标，他希望立即顺势南灭楚国。为此，他找来众臣商议伐楚事宜。

在朝堂之上，当秦王政说出了自己的意思并询问哪位将领敢领命的时候，一位意气风发的年轻将领便毅然站了出来，果决地向秦王政请求这个灭亡楚国的机会。这个将领叫作李信，一年前曾经在易水之旁大破燕军，在灭亡燕国的功劳簿上记下了大大的一笔。

秦王政见李信正值气盛时期，其自信的魄力正如自己一般，便有意把统帅的职位交给这位勇气可嘉的将领。于是秦王政便问李信："于将军度用几何人而足？"在燕国取得的胜利明显令李信有点急躁骄傲了，对于楚国这个南方大国，李信表示"不过用二十万人"。李信的回答令秦王政感到满意，因为秦王政的预算也不过二十万左右。李信的自信碰上了秦王政的自信，结果是一拍即合。

虽然秦王政此时对李信感到异常的满意，但老将王翦还在，要用兵楚国还是得询问一下他的意见，于是秦王政便向王翦问了同李信一样的问题。哪知这个王翦却摇了摇头，然后一番深思熟虑之后才对秦王政说出了他的看法："非六十万不可！"六十万！比起二十万多了整整两倍！秦王政一听，嗤笑了一下，对王翦说："王将军老矣，何怯也！李将军果势壮勇，其言是也。"（《史记·白起王翦列传》）

显然，王翦的保守并不能压住秦王政的满腔热血。在秦王政将统兵的权责交给了李信的时候，王翦因秦王政不用其言，知李信此次出兵必败，便摆起了架子，以生病为由缺席了多次上朝。一开始，秦王政也不去理他。不久之后，秦王政将不得不承认自己的错误，然后屈尊请出这位驰骋沙场多年的老将。

王翦正在家里闷气的时候，李信早已和秦将蒙武率两路兵马夹击楚国。李信率一军进攻平舆（今河南平舆西北），蒙武率一军攻打寝（今河南沈丘东南）。

当时楚国由楚王负刍在当家，这位君主因采取了不正当的方法抢夺了楚哀王的王位，并在国内对当时握有大权的李园之家进行了一场耸人听闻的屠杀，因此造成的伤痕一直留在楚国人的心中，致使楚国陷入了一段动荡不安的岁月。就是在这种背景下，李信的兵马踏上了楚国的土地，令楚国人在经历了一场噩梦之后，又被迫面对另一场浩劫。

或许是李信的气势之强吓坏了楚军，也或许是楚军本已士气不佳，在李信的两路兵马踏上楚国的土地后，很快便取得了胜利。两军在各自势如破竹的进军之后会师于城父（今安徽亳州东南），向秦王政汇报了这个令人兴奋的消息。

但是事态并没有如李信和秦王政所抱持的那样乐观，李信将攻破燕国的难度同楚国并列，却不知两国之间有一个巨大的差别，即楚国有军事人才，而燕国没有，当时的楚国人才便是大名鼎鼎的项燕。

项燕作为楚国大将世家的后人，因其出色的能力得到了楚王的重用，并因此获得在危难中肩负起挽救国家的重任。面对秦国这个强大的敌人，项燕临危不惧，毅然决然地发下退敌的誓言。他要让秦王政知道，他们楚国并不是如韩、赵、魏、燕这样弱小的国家，他们楚国还有能人在，还有实力在。

李信的自信激起了项燕的斗志，他领着楚军孤军深入敌方阵营，率主力于棠溪大败李信的部队，后更乘胜追击，三天三夜奋战不息。面对项燕气势惊人的反扑，李信显然被吓住了，自己的气场已经完全被项燕所压制，最后竟然落了个被项燕追着打的局面，这让李信感到相当难堪。当他看着他的军队连日筑起的营垒一个个被楚军攻破的时候，李信顿时有了大势已去的失落感。当过分自信遇上大的挫败，李信的慌张便消磨了他的斗志，最后除了看着自己的士兵一个个死在楚军的兵器之下，李信已经没了反击的力量。

关于李信此次大败，历史基本都归罪于他的轻敌妄为。但著名的历史学家田余庆先生却有不同的看法，他认为不该简单地怪罪于李信的大意，李信之所以会败，一部分原因是当时身在郢陈的楚王负刍之弟昌平君忽然起兵反秦，攻占郢陈从而切断了李信军队的后路，使攻楚秦军陷于前后受敌的困境。为解围，李信只得急忙退兵，因此才遭受楚军前后夹击，大败而归。这是很有可能的，但是也不得不承认，李信对于昌平君的不设防在相当程度上也可看出他的大意。

项燕的胜利让骄傲的秦军再一次尝到了失败的滋味，也为楚国争取到了一次整顿的机会，而项燕本人也因此成了继赵国李牧之后再一次给秦国重挫的大将，其令人赞扬的胜利瞬间传遍楚国的家家户户。看来，相较于韩王安、魏王假这两位君主，楚王负刍正如赵王迁一样，还算是幸运的，他拥有了项燕这样的大将，从而可以让自己这危于一线的国家重拾信心。而从这场战役也可以看出，楚国在当时确实仍然具有抗拒秦国的能力，如果这种能力能被楚王负刍正确运用的话。

另一方面，当李信惭愧地出现在秦王政面前时，秦王政的高傲瞬时如他的军队一样被打击得支离破碎，当年进攻赵国的宜安之败再一次浮现在秦王政的脑中，难道真的是自己大意了吗？秦王政不得不承认他这一次重重地摔了一跤,而这一跤在很大程度上要归责于自己。

秦王政确实进行了一次反省,但这次反省并没有阻止秦王政继续自负下去,毕竟,能让这位君王自豪的功绩实在太多了。楚国的大胜并没有因此而让秦王政对这个国家产生恐惧,在秦王政眼里,这次大败不过是因为李信的大意,如果李信再稳妥一点,那结果还不知道会怎么样呢。再说,即使楚国有项燕,自己不是还没有派出秦国的战神吗?要知道,秦国的王牌并不是李信,而是王翦!秦王政的反省变成了自我安慰,这正是秦王政!这个一辈子天不怕地不怕的秦王政!

同时,楚王负刍在项燕为之扬威之后,立即抛弃了之前献青阳以西地的提议,并于秦王政二十三年(前224)派楚军袭击原楚都郢所在地的秦之南郡(今湖北武汉以西至四川巫山以东)。楚王负刍此举无疑是在向秦王政挑衅,他想让秦王政知道,他楚国并不是一个软柿子。

楚王负刍的行为令秦王政更加愤怒,为了打击一下楚国的嚣张,也为了顺利灭掉楚国这个最难搞的敌人,秦王政必须请出王翦这位经验老将。可是,这时候的王翦正因为秦王政之前不听他的老人言而闹着脾气,他愿意为秦王政再次出山吗?秦王政又要用什么方法来说服这个为秦国的统一做出了巨大贡献的老将呢?

再见吧楚国

秦王政二十二年（前225），李信对灭亡楚国信誓旦旦地夸下海口，却不知楚国国内有一个大将项燕在等着自己，因此大败而归。此次对楚国的挫败令秦王政感到惭愧和愤怒，他发誓要让楚王负刍和项燕尝尝覆亡的感觉，让这个国家知道这次的胜利不过是它一时的侥幸。

想要再出兵楚国，李信是用不得了。当年桓齮在大败于李牧的时候畏罪潜逃，由此可知李信的结局也不会太好。当然，以李信的后代平安地繁衍在陇西之地一点，可知李信在当时并没有叛逃。只是历史忽然停止了对他的记载，便可知这次大败之后，李信便已被秦王政扔到一边了。无论是赐死，还是被罢官，总之李信是用不得了。李信用不得，秦王政就必须另寻将领了。

李信的大败让秦王政相信了老将王翦的"六十万"之说，惭愧的秦王政只好请王翦担负起李信未尽的重任了，何况在当时的大败之后，不请王翦出山，只怕难以灭掉楚国。可是，这时候的王翦正因病请假在家休息，秦王政已经许多天没见到他了，秦王政只得下令让王翦上朝，让王翦和自己商讨灭楚策略。

可是王翦还是继续以生病为由婉拒了秦王政的命令。虽然这有点不给秦王政面子，但为了灭掉楚国，秦王政能屈能伸，更何况这次本来就是自己的错误。因此，高傲性子的秦王政这次竟然破天荒地拉下了自己的面子，亲自前往王翦家里，请他出兵，希望王翦能再如以前大败李牧那样大败项燕。

虽然秦王政给了很大的面子，但王翦仍旧以身体问题谢绝领兵。但是，王翦毕竟拗不过偏执的秦王政。秦王政既然决定让你去了，你就不能不去。王翦也是明白这一点的，所以，在秦王政的坚持下，王翦除了服从也别无他法了。但是，王翦对秦王政提出了一个请求："大王必不得已用臣，非六十万人不可。"秦王政犹豫了一阵，也只好允诺了下来。

其实，王翦之所以在出兵的问题上有很大的迟疑，在很大程度上也是一种保命的策略。没有六十万大军，王翦对于灭亡楚国并没有太大的信心，可是一旦向秦王政要过六十万大军，那将意味着什么？那将意味着秦国的兵力很大部分都掌握到了王翦手上，这种情况对于一个君王来说是极其不利的。将大部分兵权都移交给臣子，叛变了怎么办？秦王政当初之所以选择了"二十万"的李信，在很大程度上或许也是因为这个原因。

当秦王政将六十万士兵的统领权移交到王翦手中时，这两位君臣在各自的心里一定都在盘算。然而为了可以灭亡楚国，秦王政也只能先将赌注押在王翦身上。当然，王翦也是一个聪明的人，为了消除秦王政的疑虑，他还特意请求秦王政一件事。

当秦王政亲自送王翦到灞上（今陕西西安东南）的时候，王翦却忽然向秦王政提出了多赐自己良田屋宅园地的请求。秦王政感到奇怪，心想王翦在出兵之前还要这样一些小奖赏，如果他能顺利打下楚国，还怕没他的好处吗？于是秦王政问王翦："将军行矣，何忧贫乎？"王翦一听，便回秦王政："为大王将，有功终不得封赏，故及大王之向臣，臣亦及时以请园池为子孙业耳。"趁着还是大王您的臣子，我还是多请大王赏赐园地来为子孙置业吧。

秦王政听了王翦这话，不由得在心里笑了一下，原来这个王翦也只是个贪图蝇头小利的人，想来六十万士兵在他手里，应该也不会有什么意外。再说，如果王翦真有心叛变，那还需要为自己在秦国添置土地吗？因此，秦王政对王翦的疑虑便打消了一点。后来，在王翦攻打楚国的过程中，还时不时请人回来求秦王政多赐良田。有人因此而觉得王翦的请求太过分了，怕秦王政不高兴，王翦却认为他的做法是对的。王翦认为秦王政粗暴而不信任他人，这次将举国之军交给了自己，自己只有多请求在秦国国内的土地，秦王政才会打消对自己的疑虑。

王翦请田确实让秦王政对王翦的担忧减少了很多。正是通过这一方法，王翦顺利保住了自己和家族的地位。当然，还有很重要的一点，王翦当初以反间计陷害了李牧，如果自己不施点小计谋，那难保自己不会沦落到和李牧一样的境地，结果是灭不了楚国反倒赔上了自己的性命。看来，王翦心里的盘算还是很多的。当然，若没有这些盘算，王翦和他的儿子王贲也没有机会为秦国立下一份不世奇功——除了韩国之外，其余五国都灭在这父子两人手中。

在做好保障工作后，秦王政二十二年（前224），王翦和副将蒙武便领着秦国六十万大军大举攻楚，将灭楚行动推上了高潮。

王翦部队很快便攻下了平舆（今河南平舆）。这之后他并没有像李信一样继续深进，而是采取了谨慎的防御状态。王翦根据以往丰富的经验，深知楚军一直以来都具有坚强的战斗意志，何况在项燕大败李信从而让楚国重拾信心后，楚军的锐气更是旺盛，其昂扬的斗志令人难以与其正面冲突。因此，在谨慎地进入楚地之后，王翦即令部队在商水（今河南东南部）、上蔡（今河南上蔡）、平舆一带地区构筑坚垒，进行固守，并下令部队不许出战。

王翦以坚壁自守、养精蓄锐的作战方针多次拒绝了楚军的挑战，任由楚军叫嚣，王翦也绝对不出兵。此时，王翦还在营中大力训练士兵，亲自关心士兵的生活起居、身体问题，以期凝聚军心，从而提高秦军的战斗力。久而久之，楚军求战不得，使日渐松懈下来。项燕见王翦顽固如此，而自己的士兵军心也开始散漫，只好先领军东撤。

就在项燕领军撤退的时候，王翦立即抓住了这个时机，下令精兵向前追击。这时候，整个战场的气势已经有所转变，撤退的楚军士气低落，而进攻的秦军士气高涨。结果，王翦的军队顺利赶上了楚军，在蕲南（今安徽宿州东南）大败楚军，并斩杀了楚将项燕。看来，项燕再有能力，遇上王翦，也得心甘情愿地服输。

关于项燕的死，这是记载在《史记·白起王翦列传》里的说法，但在《史记·秦始皇本纪》里，却说项燕是在楚国灭亡之后自杀而死，这两个说法显然矛盾。另外，在《史记·项羽本纪》里另有说项燕是被王翦所俘虏，如此看来，最大的可能性就是项燕先被俘，后在楚国灭亡之后才选择了自杀。历史记载本就模糊，这种小细节互相矛盾之处甚多，倒也无足挂齿。

在顺利斩杀项燕之后，王翦领兵直上，乘胜追击。一路上顺势攻下了很多楚国城邑，守城将士闻风而降，王翦很快便收进了楚国大量土地。这之后，王翦和蒙武率领秦军继续往楚国腹地打去，越打越深，很快便于秦王政二十三年（前223）打到了楚都寿春（今安徽寿县西南），用秦国大旗团团围住了这座雄踞南方数百年的大城池。

项燕一死，楚王负刍便开始慌了。这时候楚国国内已经没有能和王翦相匹敌的大将，楚王负刍只能听着一座座城池陷落的噩耗陆续传到寿春城来，除此之外，他已经找不到任何对策来赶出嚣张跋扈的秦军了。而这时候，外面竟然传来了秦军攻城的叫嚣声，士兵的喊叫声和攻城器械的隆隆声像连续不断的闪电直击楚王负刍的脑门，将楚王负刍轰炸得体无完肤。面对王翦的大军，楚王负刍躲在寿春宫殿的角落里瑟瑟发抖。

寿春很快便陷落了，楚王负刍也从此结束了他作为最后一个楚王的生涯。楚国，这个以熊为氏的南方大国，在经历了一段辉煌之后，也无可避免地步入了它的毁灭。自此，楚国便变成了楚郡，不久之后被分为九江郡、长河郡和会稽郡。

楚王负刍死后，其弟昌平君便在淮南（今安徽淮南）被拥立为楚王，企图以长江为屏障，在吴越之地延续着楚国的国祚。昌平君此举无异于代王嘉，不顺历史之大势，终成历史之敝屣。不久，王翦的大军便攻进了吴越之地，并顺利占领了这块疆域。

王翦再一次为秦王政立下了灭国大功，让秦国继三晋之后进一步吃下了楚国这块大饼。对此，秦王政别提有多兴奋了。而楚国的灭亡顺利地为秦国的统一之路去掉了一个最大的障碍，这之后，秦国的一统只不过是时间的问题罢了。

楚国走后，秦王政便立即下令秦军北上，将早已苟延残喘的燕国踹出这片土地。

089

刺秦其实是出闹剧

秦王政二十年（前227），秦廷里上演了一场动人心魄的惊险戏剧。戏剧的主角是那屡受成功再也掩盖不住得意之色的秦王政，以及另一位在当时还不为人所知的平民小子。这个平民小子身体强壮，脸带刚毅，他的到来将秦王政送上了徘徊在生死之间的十字路口。

当荆轲让他的匕首忽然出现在秦王政的眼皮子底下时，所有的人都屏住了呼吸，空气瞬间凝滞了下来。没有人知道接下去会发生如何可怕的事情。在这个节骨眼上，再得意的秦王政也不得不狼狈地向荆轲表现出他的恐慌。当事情顺利收场之后，秦王政除了后怕和愤怒以外，已经没有办法重现他本来的自负神色了。

荆轲为什么会忽然出现在秦廷之上？一开始，当荆轲手里拿着樊於期的头颅和燕国富饶之地督亢（今河北涿州东南）的地图来到秦王政的面前时，秦王政对荆轲的诚意是采取信任的态度的。毕竟，当时的秦王政完全有理由认为所有国家都会屈服在他的威势之下，因为那时他正处于事业的巅峰期。

秦王政十九年（前228），赵王迁投降的消息传到了燕国，如同带进了一颗定时炸弹,燕国上下听了这个消息后,没有人能再继续淡定下去了。当秦军在攻灭赵国兵临易水时,燕王喜脸色如土,像极了那黄河旁的泥沙,随时会被冲走的样子。

如同其他国家的最后一位君王,燕王喜的能力也很令人担忧。当秦王政的军队将它的威吓扑上整个燕国的时候,燕王喜除了后悔之前和赵国的对战之外,已经别无他法了。可是,虽无贤君,但燕国还是有能臣的,这个能臣的名字叫作鞠武。

这个鞠武是秦王政时代坚持合纵抗秦的一个代表。面对秦国的威胁,鞠武认为燕国弱小,应该联合代(赵公子嘉的流亡政权)、魏、楚、齐,再北上借匈奴之兵,以此抗秦。鞠武希望能在最后关头集结起各方力量,再行进逼函谷关之举。鞠武的想法当然是可行的,面对强秦,除了合纵以外,难道还能有其他方法吗?

有人会对鞠武说有的。这个人的名字叫作姬丹,是燕国太子,故称燕太子丹。对于鞠武的想法,燕太子丹并没有表示任何反对。但是,对于急躁的燕太子丹来说,鞠武的策略不说能不能实现,就是在时间的浪费上都是一个问题。合纵虽好,但焦躁莽撞的燕太子丹选择了一个更加迅速的方法——刺杀。

不难理解燕太子丹的想法,在秦国以人质的身份待过一段时间的他,对这个国度所带给他的伤痕充满着怨恨的情绪。当他顺利逃回自己的国家之后,在秦国的受辱经历激起了他身为一国太子的自尊。由此看来,燕太子丹所选择的这种刺杀行动,在很大程度上或许是由于个人的私仇。当然,在危难临头,燕太子丹倾向于以一种迅速的方式解决掉秦王政也是完全有理由的。毕竟,刺杀这回事,作为险招,有些时候总不失为高效的方式。

刺杀的高效与否在很大程度上取决于刺客的质量高低，燕太子丹不可能不明白这点。因此，在选择刺客上面，燕太子丹丝毫也不敢马虎。最先，燕太子丹找来了燕国著名的勇士田光。田光此人学识渊博、文武双全，平时喜行侠仗义、广交朋友，故深得燕国臣民之心，时人皆称其为"节侠"。可惜，当燕太子丹请田光出马的时候，田光却以年老为理由婉拒了燕太子丹。这位急迫的太子不愿意这事就这样耽搁下来，因此他再三向田光请求，如若无法亲自出手，那也给他引荐个勇士。

田光见多识广，自然不乏比自己出色的朋友，因此在燕太子丹的多次请求下，田光便给燕太子丹推荐了一个人——荆轲就是这个时候出场的。

荆轲在田光的引荐下面见了燕太子丹。面对这位主人的焦躁，荆轲的心里不时升起一种不祥的预感。但是国之兴亡匹夫有责，荆轲既然是能人勇士，在国家危难临头的时候就必然要担起一份责任来。当然，刺杀秦王政这份责任太重了，荆轲怀疑着自己是否有成功的可能。

为了让刺杀行动更加顺利，荆轲希望燕太子丹能将督亢的地图和樊於期的头颅交给自己，让自己在秦王政面前可以争取到更多的信任。督亢自来是燕国最富饶的地方，基本是燕国的心脏，督亢一失，燕国的危险不言而喻。而樊於期这人是之前在秦国任职的将领，又名桓齮，因当年大败于李牧而逃亡燕国，秦国由此放出了缉捕樊於期的悬赏。

对于督亢的地图，燕太子丹自己可以做主，但对于樊於期，燕太子丹便有所迟疑了。毕竟当初收容人家，这时候又要置之于死地，于情于理都不好开口。荆轲见燕太子丹心有疙瘩，便自己来见樊於期，对樊於期说了自己的想法。樊於期身为逃将，早已失去了讨价还价的资本，因此他最后只好自刎而死，成全了荆轲。

始皇铜权　秦

焚书坑儒图

在拿到督亢的地图和樊於期的头颅后，荆轲又请人锻造了一把匕首，这把匕首锋利且刀尖带有剧毒，只需一刺便可置人于死地。除此之外，燕太子丹为他找来了一个副手，这个副手在十二岁便杀过人，天生凶狠的性子让他在杀人时心不惊肉不跳。他的名字叫作秦舞阳。

一切就绪后，荆轲便准备踏过易水前往咸阳了。在易水边上，荆轲这位壮士以毅然决然的赴死心态唱下了一首令人胆寒而钦佩的送别歌："风萧萧兮易水寒，壮士一去兮不复还。"而他的朋友高渐离更为他的歌曲配起了雄壮却扯人心弦的曲调。易水边上，一阵冷风吹过，那悲亢激越的乐曲揪人心肠，几个渺小的人物正在浩荡的水边讲述着他们未知的命运。

孤帆扬过易水，来到了秦国国土。咸阳的宫殿里，神圣而威严，两列臣子仪态端庄，睥睨着眼前这两个来自燕国的使者。秦王政端坐在王椅上，像玉皇大帝一般俯视着一切。相较之下，荆轲和秦舞阳像踏进天堂的两位乞丐，自惭形秽，令人不屑。

在秦王政那强大的气场前，秦舞阳这个没见过大世面的孩子震惊了。秦舞阳因为知道自己的任务而恐慌着，他或许有刺客的凶狠，但没有刺客的气魄，死亡对他来说是一团可怕的迷雾，而他的任务很可能让他陷入这团迷雾之中。对于眼前这位燕国使者的慌乱之色，咸阳宫上的臣子们无不感到奇怪。这时，荆轲急中生智，对秦王政说："北蕃蛮夷之鄙人，未尝见天子，故振慑。"（《史记·刺客列传》）

这话让秦王政脸上的迟疑顿时转为得意，燕国使者虽鄙陋，倒也不失为善言之人。荆轲以他的急智打破了秦王政的心防，终于让自己得到了一个往前献上地图的机会。当荆轲拿着地图来到秦王政面前时，让秦王政料想不到的是，在地图舒展到最后的时候，忽然一道刺眼的亮光在眼前晃了一下。

一把匕首!

秦王政还没有反应过来,荆轲已拿起匕首往秦王政的要害刺去。整个咸阳宫瞬间震动了起来,大臣们个个不知所措,他们看着秦王政在慌乱中躲开了那凌厉的刀锋,衣袖被匕首斩断,随着匕首发出的寒风飘荡在宫殿之上。看着荆轲快速地逼近自己,秦王政只得躲着他,两人遂在咸阳宫里绕着柱子展开了一场生死搏斗。

当时在两旁的臣子因不能带武器上殿,慌乱中只得用手去扰乱荆轲,保护秦王。在一阵惊惶之中,忽然听到一句喊声:"王负剑!王负剑!"(《史记·刺客列传》)秦王政立即拔出背后的剑。恰时秦王的御医夏无且用他手里的药袋扔向了荆轲,令荆轲分了心,秦王政立即将手里的剑往荆轲的大腿刺去。荆轲的腿受到一击,忽然跪倒在地,难以行走。情急之下,荆轲做出了最后一搏,他将手里的匕首往秦王政扔去,秦王政一闪,匕首插在了柱子之上。没了武器的荆轲如断了翅的老鹰,再也不能嚣张了。最后,在秦王政的愤怒之下,荆轲承受了八次剑击,奄奄一息。

事情到此告一段落,荆轲死前所呐喊的"事所以不成者,乃欲以生劫之"(《史记·刺客列传》)仍时时回荡在咸阳宫内,令躲过一劫的秦王政感到不寒而栗。心绪不宁的秦王政巴不得将燕太子丹千刀万剐,以消自己的心头之恨。看来,刺秦王一事成全了荆轲报国侠士的名声,但这场闹剧也为燕国埋下了覆灭的炸弹。

当然,即使没有荆轲刺秦王,秦王政也要让他的军队前进到燕地。只是,荆轲刺秦王一事作为导火索,让燕国更早地离开了这块土地。

躲到辽东也要打

发生在秦王政二十年（前229）的"荆轲刺秦王"一事彻底激起了秦王政对燕国的怨恨。如果说之前兵临易水不过为恐吓燕国，那么这一次秦王政将下令军队渡过易水，给燕国来一次真实的巨大打击。

当时，在荆轲渡过易水河后，燕太子丹的心便随着他的远走而高悬了起来。荆轲那一句壮烈的临别之语一直回荡在燕太子丹的心里，搅得燕太子丹心绪不宁，难以安心入睡。或许在那个时候，燕太子丹曾经问过自己，自己的决定是否过于莽撞？难道自己果真是个不顾大局、只念私仇的人吗？在消息还从没从秦国传到燕国的时候，燕太子丹只能尽量地安慰自己，来寻得心理上的平衡。

可是事实是，历史已经选择了秦王政，大势并不会因为燕太子丹和荆轲的意志就有所转移。当荆轲行刺失败的消息传回燕国的时候，燕太子丹终于明白了这个道理。匹夫之勇无法逆转天地，燕太子丹对这种盲目显然有了一丝反悔之意。可是，错已酿成，燕太子丹除了筹划下一步的应付措施外，又能怎么办呢？

在以极大的愤怒杀死了荆轲之后，秦王政便做好了回应这种玩弄的准备。王翦和秦将辛胜奉命领兵讨伐燕国，带着秦王政的恨意，这支军队杀气腾腾，像一群凶神恶煞的魔鬼队伍，浩浩荡荡地往易水进发。王翦的先锋李信领着大军来到了易水之西。他们的面前就是燕国的土地，这个胆敢将刀子伸到秦王政面前的国家，这个胆敢拿自己生命来开玩笑的国家，既然它都已经活得不耐烦了，那就让秦军这个强大的力量来送你一程吧！

在易水之西，李信的军队遇上了燕国派出抵挡的军队，两军遂在这条冰寒的河流两旁对峙着。就在几个月前，几个稀疏的人影映在这条河流里面，诀别的眼泪淌进水里，和着寒冷的狂风唱出一曲悲壮而凄凉的侠士之歌。现如今，这条河流两旁列满了士兵，其满腔热情消抵着易水的冰寒，一触即发的火焰正燃烧在这条诀别之河上。

易水之河是诀别之河，它在送走了荆轲之后，又一次送走了燕国千千万万的士兵。眼看着燕国的士兵们一个个崩倒下来，易水如母亲般温柔地将每一具寒冷的尸体拥入深深的怀抱之中。在抚慰过自己看守了多年的子民后，易水无奈地望着秦军嚣张地往北进发，将自己与燕国这个曾经的儿子划清了界限。易水被强拥进秦国的怀抱，燕国已经离它越来越远。

秦王政二十一年（前226），在李信于易水大败燕军后，秦王政随即为这支北伐军队增加了兵力。王翦大军得到了补给，如虎添翼，攻势更猛，很快便尾随先锋李信而至。这群凶神恶煞的魔鬼轻而易举地穿梭在燕国的土地上。弱小的燕国无力抵挡，很快便被王翦大军追逼到都城蓟城（今北京城西南）了。

蓟城没有大梁的坚固，起码它从来没有让王翦感到如王贲面对大梁时的棘手。因此，不需要付出太多的力气，王翦便顺利地为秦国送去了攻破蓟城的捷报。蓟城破了，燕太子丹为他的行刺计划付出了巨大的报偿，燕王喜便是有意指责也没有多大的意义了。没有办法，燕王喜只好和燕太子丹带着燕公室和大批臣子们将一整个燕国往北搬去，逃到了辽东（今辽宁辽阳）之地。

到了辽东后，燕国并没有因此就躲过一劫。秦王政令王翦必须领兵继续北上，将燕国彻底打垮。于是，李信在王翦的任命下，领着他的先锋部队直奔辽东而去。

李信领军逼迫甚急，令燕王喜惶恐不已。燕王喜已经想不到什么好方法来挡住李信的部队了，而当初那个捅了一个大娄子的燕太子丹也在衍水（今辽阳太子河）瑟瑟发抖着。衍水的寒意由外及内，令燕王喜和燕太子丹感到一种锥心的凄凉，难道燕国的历史就此结束了吗？

在燕王喜无处可逃的时候，他的朋友赵公子嘉来见他了。赵公子嘉在赵国灭亡之后，便躲到了代城以代王的名号企图东山再起，在秦国进攻燕国的过程中，作为燕的联军而与之共同奋战着。代王嘉派人偷偷地对燕王喜传递了信息，即秦王政之所以会进攻燕国，完全是因为当初燕太子丹的刺杀行动，如果能将燕太子丹斩首以献秦国，那么必然会消了秦王政的怒火，从而让秦军退兵。

燕王喜很显然是个毫无主见的君主，当初燕太子丹决定刺杀秦王政时，他也没表示任何异议，这时代王嘉又让他杀了燕太子丹来弥补上次的错误，他也就傻傻地认同了这种说法。结果，燕太子丹为他当初的莽撞付出了生命的代价——他被燕王喜派人杀死，他的头颅被献给了秦王政。燕太子丹的行刺固然因冲动而缺乏时宜性，因而直接导致了秦国的入侵。但较之愚蠢的燕王喜，燕太子丹那执意挽救国家的冲劲还是令他的国人敬佩的。因此，为了纪念这位爱国的太子，他被杀死时旁边的这条河水，人们便将其改名为太子河。

燕王喜固然是愚蠢的，秦王政的统一之路并不会因为一个荆轲而中断，那么秦王政对燕国的攻伐自然也就不会因为一个燕太子丹而停止。事实证明了这一点，当燕太子丹的头颅送到了秦王政的面前时，李信的军队并没有因此就停止了进攻。

但是，在这个时候，秦国对于燕国的进攻确实有所缓和，但它绝不是因为一颗燕太子丹那毫无价值的头颅。对于秦国来说，躲到了辽东的燕国已经毫无抗拒之力，与其对其逼迫甚急，倒不如转回头先南下解决了楚国，以防这个当时除了秦国外最强盛的国家从后方实施突然袭击。最后，在这次回转中，秦国直接攻破魏国大梁这座孤城，并趁势南下灭亡了楚国。

楚国和魏国为可怜的燕国争取了一点残喘的时间，但燕国早就成了秦国的囊中之物，其覆灭已经是不可避免的结局。秦王政二十五年（前222），在秦国大军灭掉南方强楚后，王贲便奉命北上伐燕，将燕王喜和代王嘉这些残余势力给清除殆尽。

燕太子丹死后，燕王喜真正成了孤家寡人。这个毫无主见的君主面对着这个惨淡的国家，再多的后悔与自责都不能为自己的罪责开脱。如果当初可以听从鞠武的建议，在合纵上面多花点心思，那么现在可能也不至于那么落魄。至于在临危时还杀死了自己的儿子，燕王喜对此更是懊恼不已。

再多的后悔都是没有意义的，此时的王贲——这个令大梁这座光荣之城陷落的将领——已经渡过了易水，临近了太子河。不久之后，燕王喜便含着悔恨而无奈的泪水，望着曾经属于他的土地被秦王政划入了自己的疆域之中。渔阳郡、右北平郡、辽西郡及辽东郡等郡县的设立，从此取代了燕国这个名称。

燕国亡后，王贲转攻代郡，俘虏了代王嘉，彻底清除了赵国的残余势力。

至此，秦王政真正报复了他的遇刺之仇。荆轲的那把"带毒的匕首"被秦王政反扔了出去，结果插到了燕太子丹和燕国的身上。这种自取灭亡的举动令秦王政对其嗤之以鼻，同时也令秦王政感到兴奋，因为燕国的愚蠢，让他又一次顺利地灭掉了一个国家。韩、赵、魏、楚、燕，这些曾经和自己并列的诸侯国现在全部排在了自己的身后，不，应该说世界上从此没有了这些诸侯国的名称，秦王政的心里浮起无限的荣耀。

燕国也走了，此时，六大国已经亡了五个国家，剩下一个齐国还在东方企图维持它东方大国的姿态。但是，在秦王政偏执的心里，他怎么能容忍国中的地图上绘有不同于自己颜色的另一种色彩呢？齐国的存在让秦王政看起来很碍眼，为了让整个大地的颜色全部涂上他强盛的秦国色彩，秦王政对于齐国发出了通缉令。

最后一仗没有放过你

燕国也随着韩、赵、魏、楚四国而去了,当时,战国的土地上只剩下秦国和齐国这两个国家在无语地对望着。秦国的疆域如一匹凶猛的狼,对着东方的这只齐国绵羊露出了狡黠的眼神和锐利的尖牙。齐国,这个离开动乱世界一段时间的国家,战争也找上它了。

因为齐国地处秦国的远方,故在秦国灭亡六国的过程中,它被排到了最后。也因为秦国在攻伐其他国家的时候采取了笼络齐国的战略,所以齐国在最后这段动乱的时代里竟然过上了一种相对安定的生活。而当时的齐王建对这种安稳的日子倒也挺欢迎的,因此,在秦国的军队如虎一般地侵蚀着其余五国的土地时,齐国竟然乐意地接受了秦国的笼络,对这些野蛮的行径采取了观望的态度。

这种观望的态度为齐国争取了一段太平生活,苏东坡由此认为齐国在六国纷扰的年月里能保持四十年的和平,不失为一项德政。但是,明代"前七子"之一的何景明有不同的看法,他认为齐国的这种安稳是以牺牲其余五国作为代价的,若没有五国作为秦国的阻碍,齐国又哪儿能保持那么久的安定?

这两种看法都没有问题。东坡是从民生的角度来看的，对于齐国的百姓来说，安稳的生活自然是他们梦寐以求的。当然，若基于一种政治上的前景，何景明的看法无疑更有说服力。没错，齐国在贪恋和平的时候忽略了唇亡齿寒的道理，一味地忍让秦国，眼睁睁地看着自己和秦国之间的缓冲地带被一一地消除，竟对此无动于衷。而事实也证明了，当中间的阻碍被一一铲除之后，秦国这匹狼立刻露出了它的真实面目，将它锋利的爪子伸到了这个一直很礼让自己的国家。

当时的齐王是齐王建，也是如燕王喜一样的君主，平庸而无主见。在齐王建的早期，齐国的政权掌握在太后君王后手里，这个女人以其柔软的性格为齐国争取了数十年的太平生活。但是，君王后在临死之前却犯下了一个巨大的错误。当齐王建在病榻旁询问她何人可用时，她对此没有提出任何意见。

为什么说这是个错误？以齐国的安定生活以及它向来的东方大国地位，齐国是不可能缺乏人才的。但是君王后却在她死前无法讲出一两个贤臣的名字，其原因便在于：君王后以女人特有的私心企图稳固弟弟后胜的权力。

后胜是齐王建之相，此人是个贪财之辈，生平接受贿赂无数，而在执政能力上又有所欠缺。就是这样一个臣子，以他的贪婪争取到了齐国的平静——在秦国的分化策略里，他作为重点关注对象，接受了秦国无数的重金贿赂，以此作为报答，秦国希望他能力劝齐王建不要出兵援救其他正陷于水深火热的国家，而让它们自生自灭。

对于后胜来说，这不过是一件小事。一箱金银的报答只需让他继续君王后的执政理念，这有何难呢？君王后在世时在秦和五国之间便采取了中立的态度，而后胜只需将这种态度继续下去，便能得到秦国大量的奖赏，在后胜的天平上，这种交易无疑是净赚的。

而为了表示自己的诚意，后胜还派出大批宾客前往秦国。在秦国，秦王政对这些宾客以礼相待，用重金收买了这些齐国宾客们。作为交换，这些宾客在回到齐国后，于国内制造了大量亲秦的舆论。齐王建这个无能之辈，之前依靠母亲，母亲死后便将大权让给了后胜，对于后胜的所作所为，他无心去插手。因此，在后胜执政的时代里，齐国一如既往地沉浸在东方那宁静幸福的世界里，西边的战乱从未触及这个国度，而这个国度的臣民也一片松懈，毫无斗志。

如果说在秦国进攻其余五国的时候，齐国作为一个中立国是幸福的，那么这种幸福在五国灭亡之后将转变为痛苦，给齐国一个巨大的教训。

就在燕国灭亡之后，秦王政的敌人就只剩齐国一个了。秦王政的接连胜利早已证明，要让齐国灭亡不过是如探囊取物一般。因此，为了尽快完成统一大业，秦王政二十六年（前221），秦王政派出刚在燕地取得巨大功绩的王贲挥戈南下，直取齐都临淄（今山东临淄）。临淄，这个屹立在东方大地上千年的古都，即将面临怎样的命运呢？

在安详中沉寂了几十年的齐国，面临王贲大军的压境，已经失去了任何抵挡的力量。这个曾经霸据一方的雄狮，此时却如襁褓中刚醒的婴孩，完全不知道该如何去应对突然性的袭击。齐王建的随遇而安，以及后胜对于秦国的偏向，都决定了秦国在收下这个国家时丝毫不用废一兵一卒。王贲大军直下临淄，还未摆好攻城的阵势，齐王建便亲自打开了城门，将这座可媲美咸阳的东方古都，拱手送给了秦王政。

是齐王建的暗弱和贪图享乐的性格葬送了齐国，也因为这种性格，齐王建最后接受了对于他应得的判决——饿死于流放之地。当齐王建没有东西吃的时候，他是否会为他之前眼睁睁地看着五国被灭却不插手而感到后悔？他是否会为他在安乐椅上坐了太久而感到忏悔？这是一个懒惰的孩子，对于治理国家毫无心思的孩子，安逸的生活令他沉沦，随遇而安的性子也注定了他身无斗志的虚弱。而他的母亲，君王后，这一个仁慈得近乎残酷的女人，无论是对于她的国家，还是对于她的儿子，都用了一种溺爱般的态度。

至此，秦国终于走完了它削平群雄、统一六国的最后一程。而在其中值得注意的是，这支历来被称为"暴军"的虎狼之师在攻伐六国的过程中，竟然从未有屠城之事发生。看来，秦王政以及他的将领们对于统一的最终胜利做出了难得的克制与谨慎。

当临淄城投降的消息传到咸阳的时候，这座最后成了最大赢家的城池发出了惊天动地的喝彩声。云彩飘过咸阳的上空，为这座激动的城池罩上了一层仙境般的梦幻帷幕。在宫殿里，秦王政平静地坐着，内心却不断翻滚着汹涌波涛。所有的大臣都在祝贺着眼前这个做出了无人可匹敌的伟大功绩的君主，这些功绩衬托着他的神圣和威严，让他看起来仿佛远古的三皇五帝，令人心生敬佩，又望而却步。

秦王政自己也明白他的功绩，自己的先祖和这几个国家争强了数百年，而到了自己的手上竟然彻底实现了每一位秦人的梦想。秦王政在秦国的历史上缔造了最大的辉煌，虽然他明白这一半得归功于他那些为此而奋力的先祖，但他还是无法虚心地抑制住对于自己功绩的得意和骄傲。

历史走到了这里，秦王政在咸阳宫里准备着他的一系列一统措施，而这时候，那六个曾经在大地上互相争夺的国家全都到另一个世界相聚去了。当这六个国家聚到一起的时候，他们是否会聊一聊为什么秦王政能将他们一一击破？它们是否会谈起之前合纵的辉煌，然后为这种辉煌不再而感到叹息？而当聊到合纵的时候，它们又是否会想到一点，即因为它们彼此间不再团结，从而给了秦国一个各个击破的机会？

所谓"灭六国者，六国也，非秦也"（《阿房宫赋》），这句话并非在否定秦王政的功绩，只是在对于六国的灭亡上，杜牧倾向于从六国内部寻找原因。杜牧的话有五分道理，六国的灭亡其中有一半必然是因为秦国的实力和计谋，无论是秦王政自己，还是李斯、尉缭、王翦、王贲、李信和内史腾等一批大臣，他们的努力都保障了这种统一的顺利进行。此外，还有另一半便是因为六国自己身上的原因。其一，六国之间无法团结，导致秦国对于合纵的瓦解有机可乘；其二，六国的君主大多昏庸无能，远忠臣而近佞官。单单这两个缘由便足以解释六国相继灭亡的原因，无论是各国之间，还是国内，难以形成同一战线，必然会令敌人乘虚而入。

无论六国在神灵面前为自己的错误如何进行忏悔，它们都改变不了秦王政的军队遍及天下的事实。从此之后，中国大地已经没有战国的故事，它换了一个名字，叫作秦朝。

终于统一了

秦王政二十六年（前221），在齐国灭亡之后，秦王政终于实现了他的统一梦想。十几年的奋斗，终于迎来了它变成现实的一天，秦王政和李斯等一班大臣们对此别说有多激动了。此时，咸阳宫里喜气腾腾，上方的云彩如两条巨龙在为之旋舞，和着宫殿里面那升腾而起的音乐，向整个大地发出了咸阳为帝的贺词。

所谓"帝"者，在战国的时代里并不盛兴，当时仅有秦国和齐国曾经一度称帝，但也没有作为一种传统流传下来。在春秋战国时期，基本都是以"君"或"王"来称呼当时的诸侯们。这时候，自认为功高盖天地的秦王政绝对不愿意让自己和六国君王排在一起，毕竟，这些都是自己的手下败将！因此，秦王政在将整个大地拥入他的怀抱之后，便觉得必须要有一个合适的头衔来搭配自己，以区分自己和春秋战国的诸侯君主们，正如他所言："今名号不更，无以称成功，传后世。"所谓"皇帝"之名就是在这个时候被提出来的。

当接到秦王政寻找称号的命令时，所有的大臣都绞尽脑汁，为求一个能彰显秦王政那伟大功绩的字眼。为此，丞相王绾、御史大夫冯劫以及李斯等大臣便聚在一起商议了起来。他们认为秦王政"兴义兵，诛残贼，平定天下"，其功绩不仅仅胜过以往任何一个秦国君主，而是"自上古以来未尝有，五帝所不及"。为此，他们援引了古代三皇的尊称，所谓"古有天皇，有地皇，有人皇，人皇最贵"，人皇即泰皇，因此他们便建议秦王政以"泰皇"作为称号。

但是，秦王政对此并不是很满意，既然"泰皇"古时就有人用过，那他再用这个称呼有什么意义呢？这样一来，怎么能将自己那难以形容的功绩区别于他人呢？因此，秦王政弃用了"泰皇"的建议，但是他保留了一个"皇"字，然后自己在后面加了一个"帝"字，这样"皇帝"一词便出现了。而秦王政作为中国历史上的第一个皇帝，他毫不谦虚地将自己称为"始皇帝"。自此，秦王政的称呼到此结束，他换了一个名字，人们都称他"秦始皇"。

又"皇"又"帝"，秦始皇的雄心和傲气昭然若见。在他的心里，单是一个"皇"字，或者单是一个"帝"字，都难以匹配自己所缔造出的伟业。秦始皇认为，自己已然"德兼三皇，功过五帝"，那么除了"皇帝"一词，还能有什么字眼可以用来夸耀自己呢？

"皇帝"一词的出现，绝对不单单意味着对于统治者称呼的改变。"皇"和"帝"在古代都是人们对于自己无比敬重的天神人物的尊称，在这种敬重下，人们愿意服从在他们的权威之下。因此，当秦始皇提出"皇帝"一词的时候，他早已经表明了他那至高无上的地位和权威是上天所给予的，"君权神授"的思想在周王朝以来有了第一次的巩固。

除此之外，秦始皇还取消了谥号，他认为臣子对君主的议论是不符合礼数的，偏执的他也不愿意在自己死后让一群臣子来对自己的生前指指点点。同时，秦始皇还霸占了"朕"这个字。"朕"的意思是"我"，以前的一般人均可使用，这时秦始皇决定将其收为己用。"朕"从此提高了它的地位，成了古代中国皇帝的自称。至于"制"和"诏"专指皇帝命令、"玺"专指皇帝的大印等，这些都用一种独占的个性化定制区分了皇帝和一般人，一起为秦始皇的"君权神授"提供着力量。

"君权神授"，其目的无疑是借天的权威来巩固自己的统治。从精神上来说，这是一个很好的方法。但是，想要稳住辛苦开创出来的大业，单靠几个名词所形成的力量显然是不够的。为此，秦始皇和他的大臣们为了让中国大地永远姓秦，便开始了一些更加实际上的操作。

在中央机构的设立上，秦始皇吸取了战国时期设置官职的具体经验，建立了一套相当完整的中央集权制度和政权机构。中央有丞相、太尉、御史大夫三大官，这之后是分管具体政务的诸卿。在政事的处理上，由三大官和诸卿议论，最后由皇帝做决断。除此之外，如典属国也是一个很有意义的职位，专门负责少数民族的事务。

这一整套政权机构的建立加强了秦朝中央的统治力量，在效仿前有的结构上进行创新，在施政上比之前更行之有效，因此而成了后来历代王朝所仿效的对象。如汉朝的三公九卿制，基本上就是照搬秦制的做法。

这是在中央机构上的改革，至于在地方政权上，秦始皇也必须花费一点心思。自古以来，分封制便盛兴大地。所谓"分封"，是指由共主或中央王朝给王室成员、贵族和功臣分封领地，是宗法制在政治范畴上的表现。分封制确立了中央王朝的权威，曾经为国家政权的严密性提供了很大的帮助。但分封制有一个致命的缺点，即各分封诸侯在其国内享有很大的独立性。因此，当各诸侯国逐渐强盛之后，那种为中央服务的义务便有所变质，由此而成了政治动荡的根源。

因为分封制存在的缺陷，李斯便在当时上书秦始皇，希望秦始皇能改分封制为郡县制。所谓郡县制，即是以郡统县的两级地方行政制度。郡县制并非李斯的首创，早在土地私有制的发展时期，郡县制便应运而生了。郡县制取消了地方官员的世袭，由君主直接任命，这种性质注定了郡县长官难以在地方上培植自己的势力，也便于中央对地方的考察与监视，从而对于中央集权起到了很大的作用。这也是李斯提出郡县制的原因。

当时，以丞相王绾为代表的一部分大臣持有不同于李斯的看法，他们提议秦始皇要继续采用分封制。王绾的提议明显是不符合历史走向的，在一个加固中央权力的关键时期，郡县制所能起到的作用远比分封制大，何况分封制对于中央集权还有一定的负面性。最后，在两相权衡之下，明理的秦始皇选择了郡县制。毕竟，地方官员若叫作郡守，总比叫作某某王更令秦始皇感到满意和放心。此外，县下有乡，乡下有里，这些基层机构都由地方官员直接管理。

郡县制因其对于中央集权的有效作用，也因此成了历代王朝在地方管理制度上所仿效的先例。

在文化以及日常生活习惯上，李斯也为了统一做了大量的工作。书同文、度同制、行同伦和车同轨等都是很重要的改革。书同文即统一文字。当时七国并立，地方文化各有差异，文字也因此而不同，这在管理上无疑会形成一个巨大的障碍。为此，李斯这位大书法家，以战国时候秦人通用的大篆作为基础，然后吸取了齐鲁等地通行的蝌蚪文笔画简省的优点，独创出一种形体匀圆齐整、比画简略的新文字，称为"秦篆"，又称"小篆"。而后，在李斯的提议下，秦始皇下令将小篆作为官方规范文字，并废除其他异体字。而度同制、行同伦和车同轨的意义和书同文大致相当，前者是统一度量衡，中者是建立起统一的伦理道德和行为规范，后者是统一车宽。

这些在文化和生活习惯上的统一为中央管理清除了大量因差异而引起的障碍，使得中央的管理更加行之有效，同时也在统一文化的基础上凝聚了群众的心，为中央集权的巩固做出了很大的贡献。此外，关于货币政策的改革也在经济范畴上为中央管理提供了有效的帮助。

秦始皇统一后的所有措施，其目的一来为彰显自己的伟大功绩，二来也企图以一种行之有效的政策来加强中央的权威，从而服务于中央集权。这些措施因其所具有的实效，因此在以后的每个朝代里基本都存在着它们的影子。而秦制也因此开创了中国古代政体的整体样貌，这之后，每个朝代只是在这上面进行了一些修改，从而在皇权的巩固上更进一步，而它们的基本模版都出自秦朝。

秦始皇缔造出了不朽的千古伟业，在中华五千年的伟人历史上找到了专属于他的座位。当然，秦始皇的时代也并不仅仅是专属于他一个人的时代。在这个时代里，所有辅佐秦始皇的臣民都被记上了一份功绩，而李斯无疑是这里面最为出色的一个。因为李斯的功劳，之后他能坐上丞相之位也是理所当然的。

中国大地上的第一个大帝国在这时候向整个世界宣告了它的存在，这之后，中国的主角再也不是多个国家，而是专属于秦始皇以及臣民的大秦帝国！

第三章

帝国辉煌：真想再活五百年

百越歇菜了

秦国在历代君王的努力之下终于在秦始皇嬴政这里实现了统一中原的梦想。但是，正如成家后的男人还需要为维持这个家庭而付出巨大的拼搏一样，秦始皇在称帝之后，等待他的并不从此便是安逸舒适的生活。起码在朝代新立的时候，对于政权的稳固，秦始皇还要花几年的时间去应付。

中原已经统领在秦始皇之手，但是在更遥远的边疆，秦始皇还难以将他的控制力延伸出去。有两个地方始终是秦始皇统一之后最令其头痛的，其一是北方的匈奴，其一是南方的百越。这两个地方在秦的边境上骚扰着秦国，令这个新建立的朝代感到颜面扫地，对此，秦始皇决定用武力来威慑它们。

在一系列准备之后，秦始皇开始了他的征服行动。首先，秦始皇先从好欺负的百越着手。

所谓百越，也叫百粤，是中国古代居住在南方的越人的总称，因其部落众多，故以"百"冠之。这些少数民族在当时分布于今天的浙、闽、粤、桂等地，所谓"交趾（今越南河内）至会稽（今浙江绍兴）七八千里"(《汉书·地理志》)。

秦始皇在实行了一系列稳定政局的措施后，立即着手进攻百越的行动。

其实早在秦始皇二十五年（前222），统一在即的秦国便派出大将任嚣南下攻伐百越。但此战不利，任嚣败回，秦始皇只好认命地先理理家门前的事。而对于百越战争有所突破是从秦始皇二十九年（公元前218年）开始的。那时，负责战争总指挥的是大将屠睢。在秦始皇的任命下，屠睢领着副将赵佗和五十万大军挥师直下岭南（指中国南方的五岭之南的地区），打响了秦国收降百越的战争。

在屠睢的部署下，秦军兵分五路分别进攻镡城（今湖南靖县）、九嶷（今湖南宁远南）、番禺（今广东广州）、南野（今江西南康）和余干（今江西余干）。就这样，五路大军以浩荡之势、雄武之威挥师南下，直取百越。其中，攻取番禺的大军最为迅速，他们经九嶷要塞，顺北江而下，直达珠江三角洲地区，最后顺利占领了番禺。番禺的占取大大鼓舞了秦军，在屠睢和赵佗的率领下，秦军一路所向披靡，很快便越过了五岭（大庾岭、骑田岭、都庞岭、萌渚岭、越城岭），直达岭南。

本来，对于这场战争，这是一个很好的起头。但是，当屠睢到达岭南地区后，由于对待少数民族的方法有误，最后竟导致这场讨伐战争由胜转败。

屠睢是一个正统的秦国将领，或许在屠睢的眼里，这帮蛮横无训的、近似于未开化的野蛮人，与他们根本不能用中原的道义来对话。对于这种没有任何文明曙光的野蛮地带，唯一能行的就是暴力。以暴制暴才可制服，这是屠睢当时的观点。当然，作为落下暴虐骂名的秦国，屠睢在很大程度上体现了这个国家的性质。

对于屠睢的屠杀暴行，当地的人民哪能忍受得了。备受生理和灵魂双重摧残的百越人，面对秦国毫无仁义的进攻，他们已经做好了反击的准备。

在岭南地区，屠睢这个外来人是很难立足的，因为不会有任何一个秦国将领可以比百越人更熟悉他们自己的环境。这块地方多山多树，在军事上适合进行游击战。而对于环境无比熟悉的百越人，哪里的山可以躲人，哪里的树容易被发现，这些都完全在他们的掌握之中。因此百越人数虽少，但打起游击来，也会叫屠睢这个统领大军的将领感到头痛。

越人跋山涉水，时不时地在夜间侵袭毫无准备的秦军，秦军被侵扰得苦不堪言，却始终对这群猴子一般灵活的敌人毫无办法。最后，在西江畔三罗地域的一个树林子里，屠睢在这里遭遇越人的伏击。在涂满毒药的弓箭持续不断地往秦军军队里射来时，屠睢本人身中剧毒，当场坠马死亡，他所统的军队也全军溃败。

屠睢死后，剩余的秦国大军又因水土不服以及补给耽搁等问题，最终在岭南地区和百越部落相持了三年之久而毫无进展。

屠睢这次出战没有给秦国带去最后的胜利，究其原因，便在于屠睢本人所奉行的暴力主义。在历史上，凡是聪明人，对待少数民族无不采取安抚的政策。最著名的便是马谡为诸葛亮攻南蛮而提出的"攻心为上"。很明显，远在边境的民族难以控制，便是用暴力成功制服，也只能控制一时。

不管屠睢犯了再大的错，总之他已经死了。对此，秦始皇必须再找出能人继续屠睢的道路。这次，秦始皇找来了当年就到过岭南的任嚣。

在任嚣出岭南前，秦始皇注意到了兵粮不足也是出兵不利的一个问题。因此，秦始皇特意命监御史史禄在今广西兴安境内开凿了一座沟通湘水和漓水的灵渠。灵渠很快便竣工了，从此，它沟通了湘水和珠江水系，为在岭南前线作战的秦军络绎不绝地提供了军饷，也为秦始皇完成岭南的统一大业提供了可靠的物质保障。

有了灵渠后，任嚣的任务便轻松了许多。于是，秦始皇三十三年（前214），任嚣意气风发，带领着副将赵佗和几十万秦国大军再战岭南。

任嚣和赵佗都是对岭南地区较为熟悉的将领，尤其是赵佗，几乎一辈子都在和这块土地打着交道，因此，对于这次南下岭南，他们两人都信心满满。他们的信心传染给了军队里的士兵，整个军队仿佛被注入了兴奋剂，他们已经忘却了前一次的失败，他们准备缔造这一次的辉煌。

结果，正如任嚣和赵佗所相信的，在这次的进攻中，秦军一路直下，势如破竹，大军在整个岭南地区驰骋，很快便击溃了今广西等地的西瓯族和今越南中、北部的雒越族。不久，在两位将领的出色领导下，这场战争记录下了一个具有重大意义的时刻——整个岭南地区从此划入了秦朝的版图。

到此，秦国才真正地将岭南百越收服了，而岭南地区也在此刻正式成了中华民族大家庭的一员。而鉴于屠睢的暴力政策导致失败的经验，这次秦国在对待这块土地上采取了安抚同化的政策。首先，秦始皇命令进军岭南的将士留守当地。这是一个以守卫百越为名，实则趁机控制百越反叛的政策。这个政策顺利地控制了百越，起码在秦国平静的岁月里，岭南地区一片安稳。

然后，秦始皇还从中原地区迁移了大批百姓前往岭南。这群移民将中原的先进文化带到岭南地区，为岭南的农业和手工业发展做出了重要的贡献。除此之外，这群移民杂居在百越人之间，与百越人通婚，大大地促进了两种文化的融合。因此，秦平岭南的意义是非凡的，它对促进民族的融合及岭南社会政治、经济和文化的发展都起着不可忽视的作用。

后来，秦朝灭亡之后，岭南地区在赵佗的带领下自成一国，赵佗也因此而成了南越国的国王。之后南越国臣属于汉朝，汉越民族的交往又一次顺畅了起来。这是后话。

百越已经臣服在秦国之下了，但是秦始皇还不能安寝。因为在侵扰秦始皇的少数民族中，并不仅仅只有居住在南方的这一支，就在秦国的北方，有一支强大的游牧民族正在威胁着秦国的统治。

这支游牧民族叫作匈奴。

匈奴有了恐秦症

秦始皇在统一六国之后从未松懈，继续往外扩充着属于他的地图。

就在秦始皇统治的时代里，在阿尔泰山脉东南、大兴安岭以西、蒙古草原以南、青藏高原东北、华北平原西北的戈壁和大草原之上，有一批披发左衽的游牧民族正毫无顾忌地驰骋于上，他们是古北亚人种和原始印欧人种的混合，他们便是匈奴。

据《史记》而言，匈奴人的先祖是夏朝的遗民，其在向西迁移的过程中融合了月氏、楼兰、乌孙等民族，形成了现在的匈奴民族。部分史学家如王国维先生则认为，商朝时的所谓鬼方、混夷、獯鬻，周朝时的猃狁，春秋时的戎、狄，战国时的胡，其实都是后世所谓的匈奴。如此看来，匈奴是一个意义庞大又繁杂的名词。

无论匈奴是什么，这都不妨碍秦始皇对他们的厌恶。因为他们给秦始皇带来的困扰甚于百越。当秦始皇在征服六国和百越的过程中，匈奴便经常趁着秦国无暇北顾的当儿，在秦国的北方实行突袭性的侵扰。这是游牧民族的爱好，却是秦始皇这种以安居为乐的人所不愿见到的。因此，秦始皇一直都想教训教训这群目中无人的草原强盗。

在公元前3世纪，也就是秦始皇当政的那个时代，当时的匈奴已经进入了奴隶制社会，有一个较为完整的统治机构。匈奴的统治机构分为中央王庭、东部的左贤王和西部的右贤王三部分，总共控制着从里海到长城的广大地域，包括今蒙古国、俄罗斯的西伯利亚、中亚北部、中国东北等地区。

匈奴有着庞大的统治范围，更兼这个民族善于骑射，凶悍无比，因此对于秦国的威胁不可谓不大。但是，一生英勇的秦始皇天不怕地不怕，哪里会将一个小小的匈奴放在眼里？在他眼里，匈奴只是一群不入流的少数民族，要击败他们轻而易举。因此在秦始皇三十二年（前215），当时始皇还在注意着从百越传回来的好消息，但三心二意的他很快便将这份热情转移到了北方。于是这时候，秦始皇正式做出了决定——令大将蒙恬率军北击匈奴。

蒙恬是大将蒙骜的后代，其父蒙武追随王翦灭楚亦屡立战功。因此，生长于武将世家的蒙恬从小便深受家庭环境的熏陶，再加上自幼胸怀大志，小小年纪便有冲锋陷阵的梦想，故待蒙恬长大后，已然成了一个出色的军事家。蒙恬自然是猛将，但为何选择蒙恬北击匈奴，秦始皇有更深的考虑。因为，早在蒙恬青年时期，便长期在北方边境守卫，故其对匈奴的战法极其熟悉。此外也因为蒙恬的进攻精神和野战能力强于其他老将，而后者更擅长的是在与六国对战中所培养起的攻坚战。因此，一提起进攻匈奴的人选，秦始皇似乎理所当然地便想起了蒙恬。

蒙恬慎重地接过了秦始皇的任务，在长年的北方边境守卫生活中，他深切地感受到匈奴的侵犯非同一般，因此他明白北击匈奴的重要性。所以，这一次他暗暗地发誓，一旦出兵，必要大胜。就这样，在全军如火燃烧着的激情的支撑下，蒙恬领着三十万大军往北进发了。

在往北进发的过程中，蒙恬日夜兼程赶赴边关。后扎下大营后，他立即派人侦察敌情，另外又亲自翻山越岭察看当地地形。在做好万全准备后，秦军便和匈奴军展开了他们的第一次交战，而这一次交战，蒙恬便为秦国带回了一个好消息——他杀得匈奴人仰马翻，溃散草原。

上面只是第一场交战，一年之后，蒙恬再次领着大军来到了黄河之滨，准备和当时越过黄河占据着河套地区的匈奴军队来一场旷世的大对决。在这场对决中，蒙恬表现得真不愧为秦国大将。士兵们从这位充满了战斗激情的将领那里感染了全身的动力，个个如天降神兵，毫无畏惧地冲锋陷阵。很快地，在黄河上游（今宁夏和内蒙古河套一带地区），匈奴士兵面对着锐不可当的秦军，已经完全失去了作战的勇气。这群凶悍的士兵在此刻遇到了一群更加凶悍的士兵，匈奴军们已经失去了往常的蛮性，在秦军如虎狼的追击下，匈奴军选择了逃走。

仅此一战，蒙恬便重创彪悍勇猛的匈奴，更使其一听秦军这个名号便落荒而逃，其能力与功劳之高，都令人佩服。为此，后人称赞他是"中华第一勇士"。而经此一战，匈奴再也没有勇气进入秦地了。这种恐惧深深地驻扎在每一个匈奴人的心中，以至于后来中原再乱时，匈奴人都不敢深入汉境一步。后来，汉代贾谊在评价此事时将匈奴的畏惧点破得一针见血："胡人不敢南下而牧马。"（《过秦论》）匈奴的畏惧也给北方带来了十几年安定的社会环境，从而为日后河套地区的开发创造了条件。

击退匈奴后，秦始皇如同对待百越一样，先派出蒙恬统率重兵坐镇上郡（今陕西榆林境内），确保北方地区的安稳。而后又迁民几万家于河套，其意义如同移民至岭南一样，对于边地的开垦和边防的加强，以及在文化上的传播和融合都起了积极作用。为加强河套地区的防线，蒙恬又在河套黄河以北一带筑起了亭障，修起了城堡，作为黄河防线前哨阵地。除此之外,在秦始皇的命令下,蒙恬将战国时燕、赵、秦三国修筑的长城修复并且连接起来。几年之后,一道西起临洮、东迄辽东的伟大工程便正式亮相在中国的大地之上了。

至此,秦朝已经将南方的百越和北方的河套地区加入了自己的版图。从这时候起,秦朝已经是一个"东至海暨朝鲜,西至临洮、羌中,南至北向户(北回归线以南),北据为塞,并阴山至辽东"(《史记·秦始皇本纪》)的大帝国了。这之后,秦始皇更打通了通往西南的五尺道(大致自今四川宜宾至云南曲靖一线),成功控制了当地的部族,从而将政治势力伸入了云贵高原。

秦始皇的南征北伐是秦国统一之后所做出的意义非凡的大事,它大大地扩充了中原王朝的土地,为日后中国的每一任统治者奠定了一个坚实的版图基础。而对于岭南和河套的开发更是成功地将其拉进了中华民族的大家庭之中,为日后的中原统治者提供了一个政局安稳的前提。因此,南攻百越和北击匈奴是秦始皇众多贡献中又一个意义重大的贡献,只凭此,始皇的功绩便足以被讴歌千年。

外患已经定了,如同很多统治者在他们的人生中所会进入的最后一个阶段——享乐,秦始皇也不例外地踏入了这条道路。当没有百越和匈奴在秦国边境烦恼着秦始皇的时候,秦始皇便开始了他晚年的安逸生活。可是秦始皇如果只是做一般退休老人会做的那样,待在家里看看书,发发闲,那么他的一生将会完美无比,世界上也不会留下那么多对于他的非议之声。但是,一个人的权力越多,他的欲望便也会随着增大。已经无人可与之匹敌的秦始皇绝对不愿像那些平庸的老人,安闲地度过他们的晚年。在秦始皇的心里,他愿意让自己的晚年过得如他青少年时的战争生活一样丰富。而这种丰富在秦始皇的心里明显被解读为物质上的享受，在他那里，唯有无限的物质才可证明自己的功绩，秦始皇已经陷入了精神上的沼泽。

在始皇的晚年，他的生活确实是奢侈的。其实，当你和他谈起"晚年"这两个字时，势必会令他暴跳如雷。因为在秦始皇那顽固的脑袋里，他的生命没有终结的一天，起码他是这样希望的。

皇帝生活面面观

1974年1月29日，在骊山脚下，一个农民正在打井，井越打越深，却始终不见水。但是，这个农民却在无意中挖到了一个陶制的东西，拿起来一看，吓了一跳，一个怒目圆睁的武士头像正对着自己。这次挖掘工作被上报到了国家。后来在相关组织的继续挖掘下，一个轰动全世界的奇迹正式在人类面前亮相——那依骊山傍渭水的秦始皇陵，里面驻扎了一支威武强大的军队！

秦始皇陵的规模让后人彻底认识到了这位千古一帝的奢侈。

孟子曾经说过："生于忧患而死于安乐。"在秦国横跨数个世纪的发展中，其所面临的时代背景都是令人感到忧患的。如果说这可作为一种背景动力，解释秦国之所以能在最后取得成功的话，那么，在秦始皇解决了一切忧患之后，他的安乐生活便可用来解释秦朝最后灭亡的缘由了。

秦始皇如同很多功绩宏伟的历史巨人一样，当他们在兢兢业业地将一份产业发展到一个顶峰时，他们很快便在坐拥这份成就之下开始了与早年相去甚远的享乐生活。这是很多统治者所难以避免的精神转变，或许在他们心里，他们希望以一种更为舒适的生活来弥补早年所付出的辛劳。

秦始皇是十三岁就即位的。这个年幼即位的君王是早熟的，在即位之初他就下令建造的秦始皇陵便足以证明这一点。秦始皇陵位于今陕西省西安市临潼区以东的骊山脚下，当年由秦始皇下令，丞相李斯主持，大将章邯监工，动用了劳役达72万之多，修筑时间长达38年。对于人口只有2000万的秦帝国来说，72万是一个很大的数字了，秦始皇这样不惜一切地霸占劳动力，总有一天他会为此而付出代价。当然，不管代价是什么，都阻挡不了这座陵园成为一座最伟大的陵园。这是一个此后中国历代君王所无法享受到的死后世界，其巨大的规模、丰富的陪葬物傲视了所有的帝王陵。

秦始皇陵陵区是按照咸阳布局来建造的，分为陵园区和从葬区两部分，其占地总面积为56.25平方公里，也就是56250000平方米，这在土地稀缺的当下社会里，无疑是一个令人瞠目结舌的数字。在主陵园和旁边的各个陪葬坑里，挖掘出的陪葬品更是令人眼花缭乱，胆战心惊。各种价值连城的宝物，各种珍贵奇异的禽兽，而最令人叹为观止的无疑是享誉国内外的兵马俑。现在发现的兵马俑已达8000件，青铜兵器多至4万件。这支地下军队的出土惊爆了世人的眼睛，当时的媒体纷纷对此直呼"世界第八大奇迹"。

秦始皇陵将秦始皇的奢侈浮华揭露得一针见血。当然，陵墓再好，都是死后用的，秦始皇可不愿将自己的美好宴会移到一座陵墓里去。在现世，秦始皇有专属于他的更为浪漫的宫殿，这些宫殿比起秦始皇陵来是一点也不落下风。

早在秦始皇还没有统一六国之前，就已经坐拥了历代秦王所建造的许多宫殿。但是浮夸的始皇可不满足于这些祖先们留下来的东西。每一

李斯峄山碑　秦

商山四皓 清 黄慎

代有每一代的专属品，正如秦穆公有他的称霸一样，秦始皇希望有专属于他的豪宅。于是秦始皇便在统一六国期间大兴土木，每次灭了一国便按该国的宫殿建筑在咸阳附近仿造一座。最后，六国灭完，这些建筑的总面积便超出了人们的想象。当然，有人更愿意相信秦始皇建造这些宫殿主要还是为了软禁六国贵族。一座牢狱就达到了这样的规模，秦始皇那颗大方的心真不在天之下。

其实以上仿造六国建筑的房子都不算什么——如果相比于一座更加宏伟壮观的建筑的话——这座建筑便是著名的阿房宫。

阿房宫遗址位于今三桥镇南，其范围东至皂河西岸，西至长安县纪阳寨，南至和平村、东凹里，北至车张村，总面积达11平方公里。之前秦惠文王便在此地开始建筑离宫，可惜宫殿未成人先死。到了秦始皇三十五年（前212），始皇便令人再次修建阿房宫。为修筑这座心血来潮的灵感之作，始皇必须每年派出多达70万的民工。秦始皇死后，秦二世继续建筑，只可惜这座宫殿最后在项羽入咸阳之后被付诸一炬。

有考古表示，阿房宫最终并没有建成。在项羽放火烧咸阳宫殿之前，这座举世闻名的建筑只完成了一道地基而已。但是文人可不甘于这种说法，于是他们在心中对阿房宫进化了夸张的艺术化，最后便有了杜牧那著名的《阿房宫赋》。《阿房宫赋》里面对于阿房宫的想象描绘令读者惊叹万分。如果有朝一日阿房宫建成了，那赋里的描绘是否会成真呢？

不管阿房宫最后有没有建成，秦始皇想建造阿房宫的野心都是存在的。因此，我们便不能为此而原谅这位浪费成性的帝王，只因为他并没有真正享受到这份奢侈。

关于秦始皇的奢侈没有再进一步的记载，当然，仅仅一个秦始皇陵便可以让我们从中窥见秦始皇的宫廷生活。为此，我们可以大致描绘出一个贪婪的秦始皇，他的双眼发亮，巴不得享受人间所有令人舒适的事物。其实，在分析到秦始皇的奢侈时，我们绝对不能单单认为他只是一个单纯的物质享受者。后者不过是在追求一种纸醉金迷的生活，这种生活糜烂至极，从没有在他们的心理上升到一种关乎精神的境界。

在秦始皇心里，无论是建造皇陵，还是修筑阿房宫，这一切除了满足秦始皇的物质享受外，更重要的还是为了满足始皇心比天高的欲求。

秦始皇陵在秦始皇即位之初便开始修建，它的规模似乎在向世人说明一个真理：这个世界最后是属于秦始皇嬴政的。因此，这座默默躺卧在地却明显霸气外露的建筑，作为一种象征，正在向人们暗示着，在秦始皇的心里，有不甘于人下的气势。

而在秦始皇统一六国后，阿房宫的修筑更说明了一个问题：除了一幢规模更为宏大的建筑，已经很难再有什么能为始皇的功绩歌功颂德的了。秦始皇一直在寻找一种奖赏，这种奖赏能向世人表明他始皇功高三皇、德超五帝。而"皇帝"二字已经渐渐不能满足这种需求了，因此秦始皇需要有种更加惊人、更加轰动的奖赏。阿房宫的出现在很大程度上满足了秦始皇的这种精神需求。

因此，始皇的奢华并不仅仅是为了满足物质上的享受。同那群平庸的人不一样，在伟大的秦始皇心里，物质的享用在很大程度上是为了用来填补强大的精神需求。当然，从这一点我们也可以看出，在秦始皇远离了他实际的作战生涯时，他已经渐渐地陷入了空虚的精神泥沼。

因此，当宏大的建筑也渐渐失去了它歌功颂德的能力时，始皇便陷入了一种更加空虚的地步。在这个阶段，奢侈的生活已经远远不能满足他了，因为这一切都在凡世之中。秦始皇试图寻找一种能将自己与凡世的俗人区别开来的事物，为此，他想起了生命的恒久，不死药也因此正式进入了他的需求之中。

不死药在哪里

秦始皇进入晚年后，精神也开始空虚起来。在为这个世界做出巨大的贡献后，他需要一切能为自己歌功颂德的事物，为此他修筑了如阿房宫这样规模宏大的建筑。但是，秦始皇的眼光很快便离开了这些尘世的东西，在他心里，自己的功绩已经无法用存在于自然中的事物来衡量，他需要一种非自然的力量来向世界证明：他秦始皇是天一般的人物。

世俗的东西都是不能长久的，如果想要证明自己与天同高，唯一的方法就是像天一样长生不老。这是秦始皇在寻求功绩认同的过程中所得出的最终结论。因此，秦始皇现在不再需要工匠了，相较之下，他更需要术士，或称方士。

为了长生不老，秦始皇特向天下贴出寻物启事：如果能找到不死药者，定有重赏。

这个寻物启事在现代人眼中是很不靠谱的，但是在当时的迷信社会里，或许还会有它的意义所在。虽然如此，却也从来没有人能做到长生不老，那又怎么去寻找这种传说中的不死药呢？因此，基本没有一个傻瓜愿为秦始皇分担这个寻找不死药的重任。但是，世上总不乏"一个愿打一个愿挨"的事，秦始皇敢令人帮忙找不死药，就有人敢奉命去找不死药。这个人便是徐福。

徐福，也作徐市，字君房。徐福是齐地琅玡人，秦朝著名的方士。据传说，他是鬼谷子先生的关门弟子，自幼在鬼谷子底下学习辟谷、气功、修仙和武术。在多年的学习之后，徐福已然成了一个博学多才、通晓医学、天文、航海等知识的能人。又兼徐福此人同情百姓，乐于助人，故在沿海一带的民众中名望颇高。徐福出山的时候在秦始皇登基前后，后因通晓术士之学，故被秦始皇派出去寻访不死药。

当时秦始皇正需要有人来为他寻找不死药，徐福知识渊博，又对这方面有所研究，所以当时他就给秦始皇上书了。上书中说海中有蓬莱、方丈、瀛洲三座仙山，三仙山中皆有神仙居住，若能寻访到那里，应该就能找到不死药了。秦始皇一听这个报告，喜从中来，立即派徐福率领童男童女数千人，以及已经预备好的够用三年的粮食、衣履、药品和耕具入海求仙。

秦始皇二十八年（前219），徐福在秦始皇的任命下率众出海。这次出海耗资巨大，秦始皇想长生不老的梦想可见一斑。但是，不死药这种玄幻的东西并不会因为你付出巨大的辛劳就能找到，因为它根本就从未存在过。因此，徐福的这次出海并没有找到所谓的仙山。

徐福没找到不死药，只好编造了一系列托词来瞒过秦始皇，如从东南到蓬莱，与海神的对话以及海神索要童男童女作为礼物等事。这些托词并不能给秦始皇带来欢乐，因为他要的不死药最后还是找不到。当秦始皇询问到最关键的不死药时，徐福也只好如实以报。这次失利虽有打击到秦始皇的梦想，却并没有足够的力量来将其打碎。因此，秦始皇的这场荒唐梦还在继续着。这之后，徐福在秦始皇的命令下，再度率众出海，最后来到了所谓的"平原广泽"。在这里，徐福感受到了当地人民的质朴友善，又兼这里气候温暖、风光明媚，于是徐福便做出了一个决定——他不回去了。

徐福最后选择了不回秦国，而在这块土地上扎根了下来。徐福在这里自立为王，教当地人农耕、捕鱼、捕鲸和沥纸的方法，在这块土地上开发了专属于他的王国。以上是徐福东渡的典故。而这块在当时被司马迁称为"平原广泽"的地方，据考证，可能是现代的日本九州岛。关于徐福的考证还在进行着，当然，不管真相如何，他的东渡都为我们创造了一个很美好的传说。

和很多方士一样，徐福在寻找不死药这上面到最后不了了之。这当然是在意料之中，既然没有不死药，那又要人去哪里寻找呢？秦始皇真是令人头痛，无怪乎所有为他找不死药的人到了最后都要逃掉。

徐福逃了，本以为找不死药的事件该暂告一个段落了。可是，在徐福为秦始皇寻找不死药而烦恼着的时候，也有另外一群人正在为这件荒唐事而跋山涉水，比如韩终、侯公等。当然，在这群寻找不死药的人之中，还有一个较为出名的人，便是卢生。

卢生是一个方士，于秦始皇三十二年（前215）奉秦始皇的命令开始四处访寻海外仙山，只为求得不死之药。可是不死药哪里去找？这个卢生简直是将自己置身虎口。结果是，不死药找不到，倒找到了一本预言书。这本预言书上有一句很重要的预言："灭秦者，胡也。"秦始皇一看到这里，便立即以为这个"胡"字指的是北方的匈奴，于是立即下令蒙恬领大军北击匈奴。可是秦始皇却万万想不到，这个"胡"字指的正是他的二儿子胡亥。

这当然是一个传说，预言书的内容是假的，但卢生拿回预言书一事却可能是真的。毕竟在找不到不死药的情况下，卢生必须为自己制造点功劳，这样才敢堂堂正正地回到秦廷之上。后来，卢生知道自己是找不到不死药了，于是和徐福一样决定逃亡。可卢生逃就逃，竟然还在逃亡之前对秦始皇进行了一番批评。结果，这可惹恼了始皇，为此还引出了坑儒的事件。

秦始皇越陷越深。从耗费人力和巨资建造宏大的建筑开始，秦始皇便走上了一条不归路。这条不归路全因秦始皇那过人的自负，这种自负蒙蔽了他的双眼，让他找不到一条正确的道路。所有这一切都为秦始皇树立起了越来越多的敌人，只因他的心比天高，就要多少普通百姓来支撑起他的这一份骄傲。百姓们对这位结束他们战争苦难的领导者渐渐失去了信心，因为他将他们带入了另外一种苦难之中。

在这一些荒唐的事情之后，秦始皇还将做出一件更令人诟病的事来。因为这件事，他的暴君名号传遍了整个历史，无论他的功绩再大都难以将其洗清。这件事便是轰动了整个历史的著名事件——焚书坑儒。

焚书坑儒

秦始皇三十四年（前213），咸阳宫内，宴会正如火如荼地进行着。觥筹交错，高谈阔论，群臣们共同庆贺秦朝北筑长城、南戍五岭，实现全国的安定与统一。

参加宴会的群臣们对秦始皇极尽歌功颂德之能，其中一位臣子——仆射周青臣，最会拍马屁，他称赞秦始皇："他时秦地不过千里，赖陛下神灵明圣，平定海内，放逐蛮夷，日月所照，莫不宾服。以诸侯为郡县，人人自安乐，无战争之患，传之万世。自上古不及陛下威德。"以前秦国的土地不过千里，全赖皇上圣明，平定天下，驱走蛮夷。秦始皇就如天上的太阳和月亮，光芒日夜普耀大地。只要是太阳和月亮光芒所照耀的地方，就没有人不被这光芒所收服。现在天下太平，百姓安居，没有战争的困扰，能够万世长存，这都是秦始皇的功劳。秦始皇可以称得上是古今帝王中最威严、最圣德的一位。

任何一个男人骨子里都有一个帝王梦，可以征服天下，让世人膜拜。秦始皇是男人中的男人，正值帝王生涯的高峰，筑起了让世人为之惊叹的奇迹——长城，即便是高科技发达的今天也堪称创世之杰作。仆射周青臣的话让他五体通泰，舒畅之极。

历代朝臣中，有忠臣，就有奸臣，有甘心卖力于这一阵营，就有投向另一阵营的，同样，有溜须拍马者，就必然有敢于直言不讳者。

有一位叫淳于越的人，他看不惯周青臣这样阿谀奉承，加之，他对秦始皇往日的一些作为也颇有意见："商周之王千岁余，封弟子功臣为枝辅。今陛下有海内，而子弟为匹夫，卒有田常、六卿之臣，无辅拂，何以相救哉？事不师古而能长久者，非所闻也。"意思是殷周两朝基业之所以能长达一千多年，是因为分封了自己的子弟和功臣做辅助。秦朝才开始起步，还有很长的一段路要走，而秦始皇统一天下后，并没有分封自己的子弟。秦朝应该效仿殷周分封自己的子弟和功臣做辅助的成功例子。如果一味地自夸、自满，把天下之地归自己所有，而忘掉了先祖流传的宝贵经验，这样即便有田常和六卿这样的大臣，但是没有人辅助，又怎么能够长久呢？淳于越还批评周青臣，说这样的人，只会阿谀奉承，又怎么能是个忠臣呢？

听了这样一番话，秦始皇的脸立刻就沉了下来。他是一位想把一切都握在自己手中的帝王，极为享受这种掌控欲。作为一国之主，要维护自己的脸面，建立不偏听的明君形象。秦始皇隐忍着没有爆发，且做出一副"兼听则明"的样子，让人把淳于越的意见传下去，交由臣子讨论。

丞相李斯站了出来。李斯最知秦始皇，当即对淳于越的言论做出了驳斥："五帝不相复。三代不相袭，各以治，非其相反，时变异也。今陛下创大业，建万世之功，固非愚儒所知。且越言乃三代之事，何足法也？"历史是发展的，时代变了，适合夏、商、周三代的治国策略已经不适用了。现在，皇上开创大业，建立了万代不朽的功业，本不是愚蠢的儒生所能理解的。淳于越说的三朝旧事，又有什么可值得效法的。另外，李斯也对儒生做出了批判，认为他们"入则心非，出则巷议，非主以为名，异趋以为高，率群下以造谤"。这些儒生在朝廷上口是心非，在街头巷尾谈论时政，觉得自己能够批评皇帝是很了不起的人，把标新立异看成是学问高深。这样使得民心混乱，百姓纷纷效仿，又生出更多的诽谤之言。李斯认为一定要对这些儒生采取些措施来加以制止。

秦始皇对李斯的发言连连点头，这话说到他心坎上了。李斯见始皇认同自己，紧接着又提出了历史上著名的"焚书"方案："史官非秦记皆烧之。非博士官所职，天下敢有藏《诗》、《书》、百家语者，悉诣守、尉杂烧之。有敢偶语《诗》《书》者弃市。以古非今者族。吏见知不举者与其同罪。令下三十日不烧，黥为城旦。所不去者，医药、卜筮、种树之书。若欲有学法令，以吏为师。"（《史记·秦始皇本纪》）

历史典籍，除了记载秦朝的一律烧掉；民间收藏的诗书百家著作，一律交到各郡的治所，由郡守统一烧掉；如果胆敢互相谈论诗书，就要杀头；以古非今的要灭族；令下之后，三十天内不烧书的要判罪；有想学习法令的，以官吏为教师，医书药书卜卦的书，种树的书可以不烧。

秦始皇当即就批准了李斯的这个建议，并且付诸实施。就是这样的几个烧掉，几个杀头，使得一时间，全国各地烈焰腾空而起，诸多先秦典籍和当时的著作就这样被大火吞没了，瞬间化为灰烬，徒留后人一声叹息。

秦始皇同意"焚书"不是一时的冲动。长久以来，通过与儒生的接触，他不太喜欢儒生，很看不惯他们的一些做法。尤其是一有什么不满就口耳相传，甚至著书以传扬。他们提出的一些意见，也大都很难实行。《史记·封禅书》中有这样的记载："始皇上泰山，为暴风雨所击，不得封禅。"说的就是始皇与儒生间一次不愉快的接触。

秦始皇二十八年（前219），秦始皇东巡至泰山脚下时，想要刻石歌颂秦朝功德、封禅祭祀山川，于是他召集了齐鲁一带的七十个儒生出主意。而儒生出的主意大都是类似"拿蒲草包裹车轮，以免伤害山上的草木"这样很难做到的事情。秦始皇没有采用他们的意见，还下令不许他们参加封禅活动，儒生因此对秦始皇非常不满。

恰恰这次泰山封禅的时候，上山途中遇到了暴风雨。那些儒生正好有了话头，以此来嘲笑讽刺秦始皇。自然，秦始皇对儒生的不满更多了一层。

秦始皇实行"焚书"，也是给儒生一个教训，侧面告诉他们"饭可以多吃，话不可以乱说"。"焚书"事件，秦始皇对儒生是尚有隐忍的，当这种怨气到一定程度，爆发出来时，就有了史上震惊的"坑儒"事件。

秦始皇三十五年（前212），当时有两个方士：卢生和侯生。这两人自称可炼制长生不老之仙药。秦始皇一生追求长生，听到仙药，也不去考证，就给了两人许多钱财，以用于炼制仙药。

这两人拿到钱后就开始装模作样地研制起来，但滥竽充数终究不能长久，骗局总有被拆穿的一天。而当时秦法中有这样的规定："不得兼方，不验，辄死。"（《史记·秦始皇本纪》）这两个人认为秦始皇这个人刚愎自用，非常专制，很多忠良大臣都被处死，他们也不会有什么好下场。于是，这两个人就逃走了。

之前，有徐福等人为秦始皇到海外寻找长生不老仙药，白白花费了很多钱财，却没有任何收获，秦始皇对此非常恼怒。当他再听人来报卢生和侯生逃走一事后，勃然大怒："今闻韩众去不报，徐市等费以巨万计，终不得药，徒奸利相告日闻。卢生等吾尊赐之甚厚，今乃诽谤我，以重吾不德也。"秦始皇历数徐福等求仙药而不得，又有卢生和侯生两人，待他们不薄，给了那么多钱财，竟然还在背地里诽谤自己。他下令捉拿卢生和候生两人，并且派御史严查诽谤朝廷、惑乱民心的儒生方士。

很快，凡是议论朝政的人都被抓了起来，严刑审问。有的儒生经不住拷打，就胡乱供出别人，以免受皮肉之苦。就这样，一个人供出第二个人，第二个人又供出第三个人……串联下来，最后确定违反禁令的儒生竟达四百六十余人。而对于这四百六十多名儒生，处置的结果就是生生活埋。

还有一种关于"坑儒"的委婉说法。东汉卫宏在《诏定古文尚书序》中记载，秦始皇让人冬天在骊山邢谷的温泉边上挖坑种瓜，瓜在温室的条件下生长，在冬天竟然也结出了果实。秦始皇召集全国七百多儒生实地考察，找出为什么冬天能结出瓜的道理。趁着儒生们书生气十足争议时，让早已埋伏好的士兵射箭，无数儒生倒在箭下，被厚厚的黄土永远地埋在了山谷中。

也因此，汉代人关于坑儒的数目有两种说法：一种是坑了四百六十多人，一种是坑了七百多人。有人就认为，秦始皇坑了两次，一次在咸阳，一次在临潼，所以有了这两个数字。

不管是哪种说法更接近历史的真相，历史已经成为过去，无数冤魂被埋没，死者不能再生，只留后人无尽的吁嗟，以及对文明无法挽回的损失与破坏。

博浪沙遇刺案

秦始皇二十九年（前218）的一天，在古博浪沙（今河南原阳东南）上演了一幕令人惊心动魄的险剧：一把重达120斤（约合现在50千克）的大铁锤往一排路过的仪仗队砸去，铁锤砸中了车队中最豪华的一辆马车，马车瞬间被压扁。

这是历次行刺秦始皇中最出名的事件之一，它发生在秦始皇东巡途中。它之所以特别引起后人的关注，除了那把铁锤确实极具威力以外，更重要的还在于它的幕后黑手是一个非常出名的人物，这个人便是后来"汉初三杰"中的张良。

张良，字子房，出身贵族世家。祖父开地，连任战国时韩国三朝的宰相，后父亲接过了祖父的职位，在宰相位子上又坐了整整两年。可到了张良这一代时，韩国却已经走上了下坡路，不久便被秦国一举攻破。自此，张良便失去了他的显赫位置，沦为了这个与其有国仇家恨的政权的子民。

因为这种亡国亡家的仇恨，张良便时刻惦记着要报复。因此，他一直在寻找着机会，即便没有复国的可能，但他也希望能杀了秦始皇。不久，机会便来到了张良的手里。

这种机会是缘于秦始皇那盲目的自负。在秦始皇统一六国之后，为了向天下展示自己的威仪和功绩，他便开始了经常性的东巡。皇帝巡视可是大事，这种事情在公告发布以后便传得沸沸扬扬。而这种轰动的大事对于一些心有阴谋的人来说便成了一个千载难逢的机会，毕竟始皇若经常躲在深宫，想要行刺他是非常困难的，但他若自己跑到了外面来，那等于将自己置身在光亮处，等待着那些想杀死自己的人来解决自己。所以，秦始皇的东巡，他高兴，这些苦苦等待刺杀他的反秦人物也在暗中窃喜着。

张良就是这些人中的一个，当他得知秦始皇即将东巡的时候，他便兴奋激动了起来。于是，张良开始谋划他的刺秦行动。

张良先到东方拜见了当地名士仓海君，求他传授刺秦良方。后来，张良在这趟旅程中收获了一个大力士，这大力士能扛百斤以上的东西，力量非凡，彪悍无比。于是，张良便为这大力士量身定做了一把重达120斤的大铁锤。这大铁锤常人拿不来，到了这大力士手中，竟如玩具一般被轻轻举起，舞在手里真如天神下凡，令人赞叹。

在准备了行刺的工具后，张良便着手制定行刺的位置。当张良得知秦始皇的队列会经过阳武县（今河南原阳的东部）的时候，他便亲自到那里寻找行刺的好地点。后来张良来到了古博浪沙，这是秦始皇东巡到阳武县的必经之路。且古博浪沙北临黄河，南临官渡河，到处沙丘连绵起伏，一望无际。沙丘上更是荆棘丛生，在其低洼处，又有沼泽地、水洼连成一片。这种地理位置决定了该地荒无人烟，行走困难。且行刺如果失败，向北可逃过黄河，向南可逃过官渡河，这都可让张良轻而易举地躲过秦军的搜捕。于是张良选择了这块地方。

行刺的当天，张良和大力士便先找了个隐蔽的地方躲藏起来，等待着秦始皇队伍的来到。很快地，在张良的前方便有了骚动，鸣锣响亮，沙尘扬起，树木摆动。这阵骚动越来越大，张良明白，秦始皇近在咫尺了！忽然，开始有人进入了张良的眼球里，接着是一个一个的人组成的行列。这行列规模之大令张良惊叹，张良心中暗暗寻思着：这等昏君，今日便是不死，日后也自有人来杀之。

接着，又是一列列车队从张良面前走过，此时车队的两边前呼后拥着一群大小官员。这时候，张良便知道是秦始皇的队列来了。于是，张良便在这之中寻找着秦始皇的马车。按照君臣车辇规定，天子六驾，即秦始皇所乘车辇由六匹马拉车，而其他大臣只用四匹马来拉。因此，张良的刺杀目标是六驾马车。

可是，在迎面而来的队伍里却根本没有六驾马拉的马车，张良这时可难下判定了。最后，他只好凭自己的感觉从里面挑出了一辆最豪华、最华丽的马车，将自己的运气都赌在这上面了。张良虽难以判定秦始皇的马车，但他还是摆出信心满满的姿态，他自信大力士手中的重锤一扔出，秦始皇必然被砸得血肉模糊。于是，抓住时机，大力士见张良选定的车马已到眼前，便将手中的大铁锤奋力一扔。铁锤被大力士扔到了几十米外，如同天雷一般对着那辆马车直劈而下。马车被砸得粉身碎骨，拉车的骏马被这道从天而降的忽然攻击惊吓得仰天长啸，奋力逃脱，终究扯不开缰绳，最终腿一软死寂般地躺在了地上。

张良见马车已经粉身碎骨，心里寻思里面的人已经不可能活着走出来了，心里不由得升起了一股报复的快感。这时候，秦始皇的东巡队列已经骚动了起来，很多士兵被派出去搜捕埋伏在附近的刺客，张良于是趁乱钻进了芦苇丛中，成功逃离了现场。

逃离现场后的张良感到无比兴奋,他已经成功为自己的国、为自己的家报了仇,而秦始皇这位暴君也终于死在了自己手下。张良仿佛完成了一件轰天动地的大地,满面春光。可是,令张良万万想不到的是,就在不久后,他竟然会再一次听到秦始皇的声音。

原来,秦始皇根本没死。当然,那天坐在那辆马车里的人是死了,可是他不是秦始皇!秦始皇因多次遇刺,早有预防准备,所有车辇全部四驾,时常换乘座驾。因此,张良很不幸地选择错了马车,错过了一次千载难逢的机会。

秦始皇幸免于难,便立即下令在全国大肆搜捕凶手,但最终搜寻不到,也就不了了之了。经此事之后,古博浪沙作为秦始皇和张良这两位千古名人上演对手戏的舞台,从此一举成名。

张良在古博浪沙刺杀秦始皇,一方面自然有关于私人问题的考虑,毕竟是秦始皇将他张良从一个优质的环境逼上了国破家亡的困境。另一方面,张良作为后来刘邦的一代名臣而享誉历史,对此,我们没有理由怀疑他可能身怀先天下之忧而忧的情怀。因此,张良之所以刺杀秦始皇,我们还可以从中看出秦始皇的暴政已经激起了群众的反抗。

一座秦始皇陵要几十万人,一座阿房宫也要几十万人,一座长城更要几十万人,所有这些巨大的工程投入了将近三百万的劳动力,而且还是非自愿的劳动力,这如何能叫百姓不愤怒?关于这种强征劳力的做法,著名的故事"孟姜女哭倒长城"便可将其残酷的掠夺性揭露无遗。虽然这个故事有传说的成分,再考据下去,里面的长城也并非秦朝的长城。但是,既然它能演变成秦朝长城,就说明在当时修筑长城所带来的困苦已经随着历史的抱怨声而流传了下来。

除此之外,秦始皇在统一之后更是对百姓们横征暴敛,而崇尚律法的秦始皇和李斯，其制定的秦朝法律之重更是令人不寒而栗。所有这些问题加在一起，便注定了秦始皇必然引起群众的愤怒和仇视。昔日的那个英雄已然不在，百姓们才知道这个带他们脱离战争苦海的人，原来是一个使他们陷入更深苦难的魔鬼。

秦始皇的暴政已经引起了群众的不满，但普通群众在这种压迫之下仍然不敢奋而起义，他们在等待一个能带领他们铤而走险的人物，这个人物不久也出现了。可惜他不是张良，张良似乎缺乏领导的能力，虽然在私仇和公仇的混杂下，张良对秦始皇的恨深入骨髓，但在全民起义之前，他却从来没有想过由自己来领导一支军队，从而揭开起义的序幕。或许，是时机还没到。因为秦始皇的威严令人畏惧，以至于没有人敢公开反抗他。如果真是这样，那么在秦始皇逝去之后，这种反抗便将立即被搬上台面来。

秦始皇继续着他的东巡，继续向世人显示他的威仪和功绩，却不知道人们都在背后斥骂着他这位暴君。

不管世人对秦始皇的评价怎么样，秦始皇的路已经走到了尽头。很快地，在寻不得不死药的遗憾中，秦始皇即将带着他的高傲和浮夸，带着他那无比伟大的功绩，安静地离开这个世界。

始皇的后事

秦始皇三十七年（前210），叱咤一时的秦大帝最终也不得不面临世俗之人所必须面临的死亡之关。曾经苦苦搜寻不死药的秦始皇，曾经试图让自己的功绩得到天的认同的秦始皇，也即将踏进属于他的坟墓。

秦始皇渐渐感到了自己的老迈无力，但他还是不愿承认自己的生命有终结的一天。上次在古博浪沙遇刺早已令秦始皇感到惊恐不已，那把巨大的铁锤一不小心就会砸在自己的头上，这种偶然性令生命变得如此脆弱，这令秦始皇对于自己梦想中的长生不老感到怀疑。这之后，当秦始皇还在为大铁锤而感到心惊胆战的时候，民间又传出了几个传闻。

这些传闻都是一些预言性的传闻。据说，有人发现了一块陨石，陨石上面刻了一行字：始皇帝死而地分。这句话的重量远远超过了那把巨大的铁锤，铁锤夺走的最多是秦始皇的性命，但这句话企图夺走的还有秦始皇的土地。秦始皇那一世二世乃至万世的理想被这句话击碎得难以成形，迷信的他由此陷入了更深的恐惧当中。

一阵子后，就在秦始皇去世的前一年，秦始皇又听到了一些传闻。据说，今年由秦始皇派出去的使者从关东路过华阴平舒道时，有一个人忽然拿着一个玉璧出现在使者面前,然后对他说:"今年祖龙死。"祖龙二字指的便是秦始皇,裴骃集解引苏林曰:"祖,始也;龙,人君像;谓始皇也。"

如果说之前的预言只是预言了秦始皇会死,那么这次的预言则更进一步,直接说出秦始皇已经死到临头了。以前的预言已经让秦始皇感到惶惶不安,这一次则直接让这种惶恐进化到了最高点。因为秦始皇已经不是单纯地会死了,而是快死了!

快死了,迷信的秦始皇在宫殿里慌乱地走来走去,这个时候,他除了求救于神仙,已经别无他法了。于是,秦始皇找来了一名相卜者,令他为自己卜一挂。结果,这卦象显示了,秦始皇必须再进行一次东巡,方可消灾避难,解除灾祸。

这实在是胡说。明白人都知道,这些所谓的预言可能是有心者制造的话题,只要控制住舆论,基本就成功了一半。那些巴不得秦始皇死掉的人,他们在武力上赢不了秦始皇,但在装神弄鬼上还是可以的。而秦始皇这位千古一帝居然会着了这些小伎俩的道,可见到了这时候,秦始皇在精神方面已经出现了巨大的问题,怕死、迷信,这些缺陷像一只只蟑螂一样在秦始皇那伟大的身躯里钻来钻去。此时的秦始皇已经和他那"千古一帝"的名号相去甚远,而成了一个充满担忧的老者。秦始皇确实是时候准备他的后事了。

但是,秦始皇还想继续活下去,因此,他不顾此时的自己已经年迈力衰,已经不足力气再去进行一场颠簸的巡视,他忽略了这一切,开始了他生平第五次,也是最后一次的东巡。

这次东巡规模照常宏大,但秦始皇却已经失去了往常的精力。那些庆祝示威的开道鼓锣声响传到了秦始皇的耳里,却似乎成了一阵哀乐,似乎成了一只乌鸦死前的自嘲。而两旁的仪仗队和护送士兵又个个丧着脸，好似要将一个往生的人送到黄泉道上。秦始皇的精神恍惚不定，马车上覆盖着的阴暗的乌云加深了这种抑郁。在这次东巡中，秦始皇再也感受不到自己的威仪，而感觉自己像一只聒噪的老鸟，令人厌恶。

东巡的路是不好走的，即便有再舒适的马车，也必须面对一路颠簸。结果，当巡视队伍来到了平原津（今山东平原附近）的时候，本就困顿不已的秦始皇病倒了。到了这时候，秦始皇才彻底地醒过来，从他的长生不老梦中醒了过来。现实逼着秦始皇不得不去面对自己的死期，而秦始皇也在这次东巡路上彻底接受了这个现实。

秦始皇已经知道自己快死了，但他不愿自己辛苦缔造的帝国随着自己而去。因此秦始皇必须在死之前安排好自己的后事。既然自己不能长生不老，那么就尽自己的力量去让这个帝国长生不老，秦始皇在考虑自己的位置应该由谁来继位了。

按照《史记》记载，秦始皇的儿子一共有十四个。这个数字可能是保守的说法，但这并不妨碍秦始皇的后事安排。在秦始皇心里，他第一个想到的还是他的长子扶苏。

扶苏是秦始皇的长子，其母亲郑妃来自郑国，因其在秦宫中时常吟唱郑地的情歌《山有扶苏》，故秦始皇便将两人的儿子取名为扶苏。这是一个挺美好的故事，我们可以想象扶苏在这种充满着浪漫情调的氛围里茁壮成长的过程，这也正是秦始皇所希望给予扶苏的环境，因为"扶苏"的本意便是茁壮成长的小树。

可是，对其充满期望的儿子到最后却一直在忤逆着自己的意思。扶苏在政治上一直都和秦始皇持有不同的意见，他认为天下未定，极力劝父亲不要以严刑重法来治理国家，更曾经坚决反对父亲的焚书坑儒。总之，在秦始皇的眼里，这个儿子的性格和自己相去甚远。如果说秦始皇是一个坚毅无情的法家，那么扶苏则更多地传承了儒家的仁爱。

但是，虽然自己的儿子和自己意见不一，秦始皇还是明白扶苏确实已经不负自己所望，正在从一棵小树逐渐茁壮成长为一棵参天大树，因为扶苏是聪明的，是具有远见的。只是，扶苏的悲悯心怀正好和秦始皇对立，因此秦始皇在一时褊狭的心理上难以接受儿子的叛逆。最后，偏执的秦始皇认为扶苏虽然聪明，却缺乏刚毅的性格，因此他下旨让扶苏协助大将军蒙恬修筑万里长城，抵御北方的匈奴，希望可以借此培养出一个刚毅果敢的扶苏。

很快地，扶苏便向父亲证明了自己的性格是悲天悯人，而不是他所想的软弱。在驻扎北方的多年战争生涯里，扶苏立下了赫赫战功，英勇善战的他将自己的出色观察力和智慧才能发挥得淋漓尽致，令驻守边疆的老将们不由得赞叹起一代新秀的崛起。而与秦始皇不同，扶苏爱民如子、谦逊待人，为此，他获得了广大百姓的爱戴和尊崇。

扶苏的这一切成就秦始皇都看得见，但在秦始皇偏执不服输的心里，他仍旧难以认同这个性格敏感的儿子。因为如果认同了他，就等于承认了自己是错误的，这在当时一味想宣传自己功绩的秦始皇心里是难以想象的。但是，在秦始皇的内心深处，他还是不得不承认这个儿子是出色的，是有才能的，是值得自己骄傲的。对于扶苏，秦始皇一直持着这种矛盾的心理。

最后，当秦始皇即将结束他的生命时，他抛弃了一切偏执和成见。扶苏此时在他心里的形象再也不是一个叛逆的儿子了，而是一个出色的领导者。于是，秦始皇决定将他的位子交由扶苏来继承。其实，在秦始皇的心里一直都是这么打算的，因为在他的儿子中，没有一个人的才华能比得上扶苏。而秦始皇当年之所以令扶苏前往北方参加战争，也正是为了好好培养这个接班人。

于是，当秦始皇做出了决定以后，便开始要将后事安排下来了。他唤人来奉命写下自己的遗诏，并命令这个写遗诏的人要将这封遗诏送到当时监军河套地区的扶苏手中。可是，在这封信还没有送出去之前，秦始皇便死在了沙丘行宫（今河北邢台广宗附近）。秦始皇就这样死了，带着他一生的功绩安静地离开了这个世界。在秦始皇死之前，他的身边没有亲人，没有大臣，只有他一个人躺在马车里，默默地等待着死亡的来临。豁然开朗的他最终两眼一闭，是非对错也便都交由后人去评论了。

人总有一死，秦始皇死得并不冤枉。但是，他的后事却令人感到冤枉无比，因为由他亲授的遗诏竟然没送出去，结果他的死亡竟然不能第一时间告诉自己的亲生儿子。秦始皇如果地下有知，势必感到痛苦。

后事虽然安排好了，但扶苏已经没办法继承秦始皇的位子了。因为在秦始皇的身边，有一个人已经对始皇的权力觊觎很久了，因此他抓住了秦始皇逝世的时机，准备开始他的阴谋夺权之路了。

这个人就是那个为始皇写遗诏的人，他的名字叫作赵高。

赵高的计谋

秦始皇三十七年（前210），始皇死在了他的第五次东巡路上。按照秦始皇的意思，他已经在继承人的空格上写上了长子扶苏的名字。但是，秦始皇永远也不会知道，他的遗诏最后竟然成了一张废纸，而扶苏也没有当上自己的继承人。这个生前威风一世的帝王，他永远也不会知道自己的控制力竟然随着自己的死亡而消散得如此之快。

当然，对于控制力的丧失已经足以令地下有知的秦始皇感到痛苦，但是，如果他知道了挑战自己控制力的那个人竟然是自己所宠信的赵高时，他又该做何反应呢？不管秦始皇在地下多么着急，他都必须承认，在他死后，秦朝已经进入了赵高的时代。

赵高这人在秦始皇时候虽然地位不高，但论起族谱，他的来头还是不小的。他本是秦国的某位国君之后，他的父亲是秦王的一个远房本家，后因为犯罪被施刑，其母亲受牵连沦为奴婢，因为如此，赵高弟兄遂数人世世卑贱。所以这样说起来，赵高和秦始皇还有点远亲关系，虽然这远亲确实有点远。

到了秦始皇这时候，赵高的身份已经沦为一个宦官。根据《张家山汉墓竹简》,所谓"宦",就是在宫中内廷任职的意思。宦人,就是任职于宫内之人,相当于王或者皇帝的亲近侍卫之臣。所以,赵高其实不是一个阉人,而可能只是秦始皇的一个近侍。至于后人将赵高认为阉人,可能是对"宦"的误解,然后又以讹传讹的原因。当然,赵高有没有接受过宫刑并不重要,因为这并不能阻挡他成为秦朝灭亡的罪人之一。

赵高自小便聪明,又刻苦学习,写得一手好字,因此被秦始皇提拔为中车府令,掌皇帝车舆,除此之外,秦始皇还让他教自己的小儿子胡亥学习。赵高在伺候秦始皇和胡亥的时候善于察言观色,小心翼翼地服侍着这两位主子,因此被秦始皇称赞为"敏于事",而秦始皇也因此对这位和自己同先祖的亲戚感到越来越亲密。有一次,赵高犯下重罪,正准备接受法律的制裁,后来秦始皇竟然为此出面,赦免了他并复其原职,由此便不难看出秦始皇对于赵高的偏爱。

可是这种偏爱发展到最后竟然成了滋生赵高阴谋的罪魁祸首。凭着秦始皇的偏爱,赵高似乎越来越放肆,胆子和野心都渐渐地大了起来,此时的赵高已经不满足于当一个内侍了,他想要掌控整个朝廷。于是,赵高一直都在等待着时机。而秦始皇的去世,就是赵高夺权的最好时机。

秦始皇在临终前唤来赵高,要他按照自己的意思写下遗诏。赵高看到遗诏里的内容,便明白了继承人的位置将要由扶苏来坐。这个消息对于赵高夺取权力是不利的,因为如果是扶苏继承皇位,那么朝廷的大权必然归到扶苏的老师蒙恬手上。而赵高向来和蒙氏不合,因此赵高对此有点担心。

对此,老奸巨猾的赵高很快便想到了一个巨大的阴谋。他想要私自扣下遗诏,等秦始皇死后再自己改写遗诏,令秦始皇的小儿子胡亥即位为皇帝。要知道,赵高是胡亥的师傅,胡亥如果即位,赵高的权力自然也会随着增大。除此之外，赵高之所以选择胡亥，还是因为胡亥此人是个纯粹的纨绔子弟。

胡亥是秦始皇的小儿子，深得秦始皇喜爱，但其性格顽劣，毫无扶苏的大气。有一次，秦始皇设宴邀请大臣，让众多儿子们也参加。胡亥不愿和这群臣子们循规蹈矩地坐着饮酒聊天，于是便早早地辞退了出去。退出后的胡亥看见了殿门外摆放着一排整齐的鞋子，这些都是臣子们入殿时脱下的。此时无聊的胡亥便开始了他的恶作剧，他用脚将这些鞋子踢得横七竖八，然后心里窃喜地扬长而去。

胡亥便是这样子的人，秦始皇对此比谁都清楚，因此虽然他疼爱这个小儿子，但他可不会傻到将一个国家拿给他去玩。赵高也很清楚胡亥的性格，这样的人在赵高眼里成了一个最好利用的工具。如果胡亥即位，慵懒好玩的他必然将治理朝政这种麻烦事交给赵高这位师父，而到了那时候，赵高也就自然而然地接过了掌控朝廷的权力。因此，赵高最后便选择了胡亥来参与自己的阴谋。

在赵高扣下秦始皇遗诏的不久后，秦始皇便归西了。秦始皇死亡的消息只有几个宠臣知道。当时李斯得知时，立即凭着自己多年的从政经验，决定按下消息不发，因为他怕此时身在宫外，秦始皇死亡的消息若昭示天下，那么很可能引发诸子争权，甚至天下大乱。因此李斯假装秦始皇还活着，每天都照常令人为其送水送饭。李斯努力防备着诸子争权，却不知道赵高此时已经开始实行他的阴谋了。

赵高此人虽有阴谋，但他毕竟地位不高，难以凭借自己的话令众人信服，为此，他决定找来李斯参与自己的阴谋。可是李斯愿意吗？赵高对此很有把握，因为他早已抓住了李斯的弱点。赵高知道李斯这人时刻都在担忧着自己的未来，生怕一不小心这种丞相的权力便化为泡影。因此，赵高决定从这方面下手，逼李斯就范。

于是，赵高来找李斯，向他直截了当地说出了自己的阴谋。李斯一开始大惊，直斥赵高大逆不道。但很快地，当赵高一说出扶苏即位后的利害关系时，李斯便无言以对了。原来，李斯也在顾忌着，当扶苏即位后，丞相之职是否会落到蒙恬的手里呢？李斯为此心乱如麻，他想起了当年韩非的下场，心里不寒而栗。最后，在保住自己地位的私欲下，李斯向赵高投降，从而逼得自己走上了这条不归路。

这时候，赵高、李斯和胡亥三个人站到了一起，一场惊天大阴谋即将上演了。

赵高和李斯同谋，先假托始皇之命，立胡亥为太子；又另外炮制了一份诏书送往上郡，以"不忠不孝"的罪名赐扶苏与蒙恬自裁。

这封假诏书来到了上郡，扶苏见此，立即失声大哭。扶苏为父亲而哭，心疼父亲竟然是在颠簸的东巡路上而死的，而去世的时候自己竟然又没见上他一面。扶苏也为自己而哭，没想到自己奋战多年，一心想要让父亲认同自己，结果却还是换来了父亲的质疑。哭得肝胆俱裂的扶苏立即转身返回营中，准备按照父亲的意思，拔剑自杀。

这时候身边的蒙恬立即赶来劝谏。蒙恬认为这封诏书可能有假，希望扶苏能冷静一点，待调查清楚后再行定夺。但是，一向仁孝的扶苏已经听不进蒙恬的话了，他认为君要臣死，臣就不得不死，父要子亡，子也不得不亡。于是，不顾蒙恬再如何阻挡，扶苏都坚定了死亡的心。最后，在万念俱灰之下，扶苏毅然决然地挥剑自杀了。

从扶苏的自杀可以看出，秦始皇当初对这个儿子的考虑还是有点道理的。知子莫若父，到关键的时候，扶苏身上那种性格上的迂腐暗弱还是显露了出来。

扶苏死了，赵高最大的障碍已经除掉了，于是，赵高和李斯便立即下令车队加速赶回咸阳，准备扶立胡亥即位。在赶回咸阳途中，秦始皇的尸体已经发出了恶臭味。为了掩人耳目，赵高和李斯便命人买来大批鲍鱼，令载送鲍鱼的车和秦始皇的车并列同行，希望以此来掩盖秦始皇的尸臭味。

就这样，在鲍鱼味道的掩盖下，秦始皇的死总算没被人发现。这之后，东巡的队伍照常浩浩荡荡地往咸阳走着，没有人知道在这之中发生了多么大的事变。赵高和李斯就像两个魔术师，暗箱操作的能力令人钦佩。

在队伍回到咸阳的时候，李斯立即向天下昭告了秦始皇的死讯。在举行了隆重的葬礼之后，便是胡亥的即位了。胡亥在赵高和李斯的帮助下即位为皇帝，是为秦二世。李斯继续着他的丞相之职，而赵高则一举升至郎中令，因其和胡亥的关系而成了胡亥最亲信的决策者。

这之后，因为胡亥不喜亲政，秦国的朝政因此全然掌控在赵高的手中了。但是，赵高此时在大臣之中并没有任何威望，他掌控朝廷的方法也只能通过向胡亥嚼嚼耳根。如果有一天胡亥忽然懂事了，那么自己又该如何去控制呢？因此，赵高希望能做到真正地在台面上掌控朝廷，为此，他必须先除掉一些重量级的政敌。

这些政敌包括李斯和蒙恬。李斯暂时还抓不到他的把柄，难以铲除。但蒙恬就不一样了，扶苏已经死了，他蒙恬还有活着的道理吗？因此，赵高的第一步就是除掉蒙氏。

蒙氏兄弟很无辜

沙丘事变后，赵高顺利地从一个内侍跃升到郎中令，开始站到了秦国政治权力的中心。但是贪婪的赵高，他给自己制订的目标从来就不仅仅是一个郎中令。赵高想从这个位置开始，一步一步地往上攀升。但是，即便是胡亥都必须对那些秦始皇时代的长老级的官员保持着尊重的态度，那么赵高又哪能太过猖獗呢？

确实，在李斯、蒙恬等一批老臣还活着的时候，他赵高就不能太过目中无人，因为论能力或者论功绩，在这些人面前，赵高都没有掌控朝廷的资本。蒙恬、李斯等人成了赵高实现权欲的最大阻碍者，为此，赵高像背叛秦始皇一样，已经开始制定了剪除这些势力的阴谋。他的第一步，从蒙氏兄弟开始。

蒙氏兄弟是指蒙恬和蒙毅。蒙恬的功绩自不用说，伐齐、破匈奴、筑长城，早已成为秦国大将第一人。而蒙毅是蒙恬的弟弟，和蒙恬的奋战沙场不一样，蒙毅选择了当一个文官，为人光明磊落，忠肝义胆。两人都对秦国的发展做出了巨大的贡献，《史记》上有说："恬任外事而毅常为内谋，名为忠信，故虽诸将相莫敢与之争焉。"可见蒙氏弟兄在当时秦国政府中的地位非同一般。

而蒙氏兄弟又出生于名将世家,再加上自身的能力和功绩,因此颇得秦始皇的信任。这对赵高就是一个巨大的威胁。再者,当年赵高犯法的时候,就是蒙毅审的,因此赵高对其时常怀有记恨。所有这些都意味着赵高必须先将这两个人给除掉,他们两个人已经严重地威胁到赵高的权力之路了。

当时,蒙恬和扶苏在北方收到了赵高命两人自裁的假诏书,扶苏愤而自杀,但蒙恬觉得其中有诈,便上书复诉。当时秦始皇已经死了,蒙恬还能找谁复诉去?当赵高得知蒙恬竟然不按诏书的命令自杀时,便立即采取更强硬的手段来对付他。赵高让李斯等人代替蒙恬掌兵,然后令人将蒙恬囚禁于阳周。

当送诏书的使者返回咸阳时,胡亥便得知了扶苏已死。胡亥称帝的障碍其实也就扶苏一人,蒙恬和他并无直接的利害关系,因此胡亥一听扶苏死了,便有意释放蒙恬。但蒙恬虽然对胡亥构不成威胁,可是对赵高却是一个大大的威胁。因此知道了胡亥的意思后,赵高心便慌了,这蒙恬若被释放,自己哪还能猖狂下去?所以赵高只好赶到胡亥面前,对他说了一通危言耸听的话。胡亥这人虽不是狠毒之人,但就是没脑子,人家一说什么就是什么,所以他很容易就信了赵高的话,最终消除了释放蒙恬的想法。

将蒙恬安置好后,赵高便先从蒙毅下手。有一天,赵高来到胡亥面前,对胡亥说:"臣闻先帝欲举贤立太子久矣,而毅谏曰:'不可。'若知贤而俞弗立,则是不忠而惑主也。以臣愚意,不若诛之。"(《史记·蒙恬列传》)这话的意思就是说,秦始皇很早就想立胡亥为太子了,只是苦于旁边的蒙毅一直说"不行",所以最后不了了之,而蒙毅这人知道胡亥之贤却一直反对让他当太子，这便是不忠，可因其而将他杀掉。

赵高果然是会说话的人，这一段话对于蒙毅的威胁之大无异于一把利剑。先是，赵高说蒙毅一直反对秦始皇立胡亥为太子，这便于无形中在胡亥和蒙毅之间划下了一道裂痕，令胡亥真切地感觉到蒙毅并不是支持自己的。然后又说蒙毅这是"知贤而俞弗立"。这话里第一点就是夸赞了胡亥是个贤君，这必然令胡亥非常高兴，从而更加信任赵高。第二点就是可巧妙地以其作为理由，直接引出下面的"不若诛之"。赵高的一段话就将自己和胡亥的距离拉近，又将胡亥和蒙毅的距离拉远，他最后能成功掌控朝廷，也不是没有理由的。

当然，这种话要刚好遇上胡亥这种昏君才能生效。当胡亥一听到赵高这样讲时，便怒从中来，好像这件事早已成立了似的。最后，胡亥便下令将蒙毅囚禁了起来。

两兄弟都被囚禁了，但只是囚禁而已，对于这两位功高的大臣，胡亥虽昏庸，但还是不至于盲目地诛杀的。这就令赵高感到困扰了，毕竟留得青山在，不愁没柴烧，要是有一天胡亥忽然心血来潮，将两人释放了，那自己也就危险了。因此，赵高希望能将两人彻底铲除，结果是"赵高亲近，日夜毁恶蒙氏，求其罪过，举劾之"（《史记·蒙恬列传》）。

一个岳飞都能被秦桧以"莫须有"的罪名害死，更何况赵高对蒙氏的罪名笼络得那么积极，哪里还有保全性命的可能？在赵高的持续进攻下，胡亥也受不住了，于是他便令人来到了囚禁蒙毅的地方，对蒙毅说："先主欲立太子而卿难之。今丞相以卿为不忠，罪及其宗。朕不忍，乃赐卿死，亦甚幸矣。卿其图之。"（《史记·蒙恬列传》）

蒙毅知道自己死期难逃，但还是奋力地为自己争取活下来的可能。他引经据典地讲着道理，企图以此打动使者和胡亥的心。但使者早已从赵高那里收取了好处,他听都不听蒙毅的道理,毅然地将其处死。

蒙毅死后,赵高以连坐的理由请求胡亥连同蒙恬也杀了。当使者来到阳周准备处死蒙恬时,蒙恬正义凛然地对来使说:"自吾先人及至子孙,积信于秦三世矣;今臣将兵三十余万,其势足以背叛,然自知必死而守义者,不敢辱先人之教以忘先王也。"确实,凭着蒙恬当时的势力,早已能独自反抗秦国。但他身为秦国世臣,终究还是对秦国怀抱着忠义和信任。可惜,面对这样的忠义之臣,秦国对其的回应并非奖赏而是处罚,怎么不叫人为其感到遗憾呢?无怪乎后来曹操说他每次读到这段话时,"未尝不怆然流涕也"。

最后,蒙恬知道说再多的话都无济于事了,在使者的逼迫下,蒙恬只好服毒自杀了。至此,秦国失了两个栋梁,秦朝大殿也已经出现了倾斜的危险。

蒙氏兄弟死了,赵高更加为所欲为了。但是,虽然他的心病已经除去了一大半,毕竟还未除尽。李斯一直都是赵高的心头大患,只是对于此人难以下手。但李斯有把柄在赵高手中,因此赵高也不必急着灭掉他。在赵高心里,还有一群人对自己的威胁很大,这群人就是秦王室的所有公子哥们。

胡亥是秦始皇最小的儿子,他的继位必然引来众多大臣和兄弟的不满。关于这点,赵高是很清楚的,而当他将这种利害关系告诉胡亥时,胡亥便也懂得了其中的意思。确实,如果胡亥想要坐稳皇帝位,他就必须杀了他的所有兄弟们。因为这群敌人直接威胁到胡亥,所以赵高在对付他们上面比对付蒙氏兄弟来得简单多了。

在胡亥的默许下,赵高便开始大肆屠杀这些皇室的子女们。仅一次,赵高便在咸阳杀掉了胡亥的十二个兄弟,将十名公主碾死于杜邮(今陕西咸阳东)。赵高的大屠杀使整个咸阳城腥风血雨,那些还没死的皇子们个个心惊胆战。有一个公子见他的兄弟都死于非命,自知难以逃过,便向胡亥提出为秦始皇殉葬的要求。可见当时这个事件在秦宫里造成多大的恐慌,赵高见此还非常得意,跟胡亥说这些人已经没有夺位的胆子了,皇帝您就稳稳地坐在皇位之上吧,再也不用担心了。

赵高此举在咸阳城里引起了巨大的恐慌和非议,但人们都只是在背后默默地斥责着,没有人敢当面大骂赵高的大逆不道。而李斯将这一切都看在了眼里,但他除了默默流泪外也别无他法,当初他选择了参与沙丘之谋,便注定走上了一条不归路。

赵高此时真正做到大权在握了,秦国的政局在秦始皇死后便进入了胡亥和赵高的时代。胡亥继续他身为皇子时的荒淫生活,并接过了他父亲的浮华之风,将其发扬光大。就在胡亥即位的第二年(前209)年初,胡亥便效法自己的父亲秦始皇巡游天下。回咸阳后,在赵高的唆使下,胡亥竟不分青红皂白地诛杀了一批异己的官员。除此之外,胡亥还继续修建着秦始皇的阿房宫,其轻视劳力的做法比起秦始皇来是有过之而无不及。而赵高也乐得胡亥如此,因为只有胡亥这样不理朝政,才能将大权都推给赵高,赵高也才有威慑朝廷的能力。

就这样,赵高帮胡亥满足他的荒淫生活,胡亥帮赵高满足他的权力欲望,两人你情我愿,全然将一个大秦帝国置于不顾。到了这时候,官员的不满越来越大,群众的生活越来越苦,而这两人却还将这种"互助"的游戏继续着。很快地,当百姓的怨声到达一个沸点时,民间的反抗之火便开始燃烧起来了。

第四章

大秦覆灭：鼓角争鸣葬旧人

大泽乡起义

秦二世元年（前209）秋，大泽乡（今安徽宿州东南）这块地方吹进了一阵阴凉的寒风。风吹雨现，不多时大泽乡便淅淅沥沥地起了着小雨。小雨随着入秋渐深而依风狂妄，越下越大，很快便填满了大泽乡往东北方面的道路。大雨封了大泽乡的出口，却掀起了一群队伍的怒火。

这群队伍原来是被阳城（今河南登封东南）地方政府派往渔阳（今北京密云西南）进行屯守工作的民兵。这群民兵大概有九百人，由两个人带领。这两个带领者个头颇大，身体健壮，又机敏过人，因此得以担负起这个重任。但是，在授命的时候，阳城官府万万想不到，就是因为这两个带领者身上具有这些优点，这一次的任命竟然成了纵虎归山的导火索。

这两个人一个叫作陈胜，字涉，阳城（今河南登封东南）人。一个叫作吴广，字叔，阳夏（今河南太康）人。虽然两人皆出身低下，但心存远大的抱负，在他们的心里，总是对成功的曙光抱持着积极的盼望。其实支持他们两人理想的动力并非来自幻想，而是出于一种对时态的敏锐感。在他们两人心中,暴秦已经走到了尽头,接下去的时代将重回群雄逐鹿的战国时期。这个背景无疑为他们提供了一个机会,让他们看到了实现心中抱负的曙光。

历史对于吴广举事前的记载较少,但关于陈胜则传下了一些故事,从这些故事中,陈胜胸怀大志的乐观态度显露无遗。《史记》里记载,陈胜年少时为人雇佣,帮人耕种。这种雇农出身的人在当时的封建体系中自然是处于低层次的阶级。有一次,陈胜在和同事们闲聊,聊聊人生,聊聊理想,当聊到兴奋的时候,陈胜忽然对人群说:"苟富贵,无相忘。"我们谁中间以后要是有人富贵了,一定不能忘记现在这些一起同甘共苦的朋友啊。

陈胜满怀热情地说了这句话,却被朋友们泼了一盆冷水。他们都认为陈胜是在开玩笑,人群中有人就直截了当地回他:"若为庸耕,何富贵也?"都是一辈子帮人耕种的人,还想谈什么富贵呢?这句如此现实主义的语言戳破了陈胜那理想主义的心,此时,他仿佛将心扔到了大海之中,既感到冰凉又感到无措。但是,在一阵调整之后,陈胜又捡回了他的心,将其放在了温暖的阳光下。在阳光的照射下,陈胜感觉自己变成了一只天鹅,正翱翔在广阔的大地上,俯视着底下辛劳耕种的农夫们。他对着自己喃喃而言:"嗟乎,燕雀安知鸿鹄之志哉!"(《史记·陈涉世家》)

陈胜的这句自语没有引起周围人群的注意,却从此游荡在历史的空气中,几千年来为人们所津津乐道,也给了那些有梦想的年轻人一个充满力度的言论支持。

如果陈胜说了这样一句话,然后他便躺在床上幻想,那只能使得这句豪言壮志沦为一句令人耻笑的空言,也就没有人愿意拿这句话来激励自己。在陈胜的心里，他不是只有想想而已，他很愿意去做。

当然，虽说周围的人可能觉得这是一个借口——机会未到，但是这其实是一个很关键的问题。就陈胜这个阶级的人，在当时等级森严的时代里，想要找到一个出头的机会那是很渺茫的。因此虽然陈胜有心，但政府不给力也是没用的。幸运的是，秦朝的政府虽然没有给陈胜这样的人提供一个表达自我的舞台，但以秦朝的暴政为代表的背景，却为陈胜等人建起了一架阶梯。

当陈胜和吴广带领着一群民工走到大泽乡时，因多日连雨，大泽乡通往渔阳的道路已经不能走了。如果等到水退去以后再行走，那么这次的行动必然耽误，这队伍里的九百人都将受到惩罚。当陈胜和吴广考虑到这点的时候，很快地，他们立刻将思路移到了另外一个地方——这是一个实现抱负的机会。

早在陈胜和吴广认识的当下，两人便因心中怀着同样的理想而惺惺相惜。这次，水淹大泽乡忽然点亮了他们两人的眼睛：自己苦苦等待的机会就在眼前，此次再不把握，更待何时？

他们两人明白，如果无法及时到达渔阳，那么队伍必然受到惩罚，而按照秦律所规定的，这种惩罚不是小打小闹，而是要斩头的！如果将这些话告知给队伍里的九百人，他们必然恐慌。求生的意识将会激发这些人的潜力，使得他们每个人都会坚定一个信念：与其一死，不如与暴秦鱼死网破。这时候，身为屯长的陈胜和吴广编收了一批敢死之师——这是起义的第一笔资本。

当然，陈胜和吴广已经有了这样的决定，但虽然他们身为屯长，难道这群人就要听他们的话吗？如何凝聚众人的心，使众人相信依靠陈胜和吴广是有望的，这才是两人此时最应该认真对待的事。为了解决这个问题，陈胜和吴广便去找了占卜师来帮忙。

占卜师的占卜结果是这样的："足下事皆成，有功。然足下卜之鬼乎！"这句话的意思是说陈胜他们举事能成，但却没有问过鬼神。这是多么激动人心的回答啊！举事能成，振奋人心，而后面一句话更直接提供了陈胜一个拉拢众人的思路——以鬼神之道来威慑众人，使其信服。

陈胜和吴广受到了占卜的提醒，决定利用当时群众的迷信心理，来为自己树立一个天降大任的救世主形象。为此，他们立即将这个想法付诸实施。

首先，他们两人用朱砂在一块手帕上写了"陈胜王"三字，然后将这块手帕提前塞到了渔夫捕到的大鱼里面。很快地，这条大鱼便辗转到了一些民兵手里。当他们剖开鱼腹的时候，忽然从里面抽出了这张"丹书"，上面赫赫"陈胜王"三个大字令他们感到震惊。他们不敢喧哗，只能私底下在众人之间偷偷地传达着。

当这群民兵们为这件事而感到讶异的时候，几天之后，在他们营地附近的一座寺庙旁忽然闪动起亮光。这亮光有红火的质地，在阴暗里一闪一闪的，可怕的是，它们飘浮在空中！当民兵看到这些亮光的时候，他们的第一反应就是鬼火。鬼火将这群健壮的汉子吓出了汗来，不久之后，在寺庙的旁边忽然响起了一阵诡异的声音。民兵们仔细一听，听出了这是一只狐狸的声音，声音里隐隐约约夹杂着人的语言："大楚兴，陈胜王。"

这天晚上发生的事比起鱼腹里出丹书更令民兵们感到惊异，其实这事也是陈胜和吴广的计谋，而那只狐狸正是吴广装的。当然，民兵们不知道这事，他们只知道，这两件异常的事都发出了一样的指引——陈胜王。因此，当这两件事在民兵们心里得到它们的第一次融合时，陈胜在他们心里的形象似乎已经全然成了救世主了。加之陈胜担任屯长的时候，对众人态度谦和，对待下属热情和气。现在，有了这两个神的指引，陈胜自然而然地成了众人心中的王了。

到了这时候，陈胜和吴广的计谋已经生效了。这次成功拉拢众人之举表明了陈胜和吴广虽然没有一个好的出身，却也不乏出奇制胜的谋略。要知道，仅凭匹夫之勇，是没办法将这次起义做大的。计谋既然生效，接下去就是夺取实权了。那时有两个军官担任着押送这批队伍的任务，想要将九百人掌控在手里，只有先搞定这两个军官。

为此，吴广趁着两个军官喝醉酒的时候，故意扬言逃跑，以激怒他们。果然，两个押送官见吴广有叛逃之举，立刻将其拿下，对吴广实行鞭打的重罚。那时候，陈胜和吴广在民兵们的心中已经有了很高的地位，因此众人看到吴广被打，都深感愤怒，遂集体作乱。两个军官没办法管住九百个人，在慌乱无措中被吴广和陈胜杀死了。这之后，在陈胜那一番激动人心的讲话下，尤其是那句震撼人心的"王侯将相，宁有种乎"使得众人热血翻滚。由此，陈胜和吴广有了他们的第一支军队。

对于暴秦的不满会聚了众人的力量，以陈胜为将军，吴广为都尉，这支九百多人的军队袒露出他们的右臂，诈以公子扶苏、楚将项燕之名，正式在大泽乡宣布了他们的起义！很快地，这支军队凭着过人的气势和满腔怒火一举拿下了大泽乡，紧接着又迅速攻下了蕲县县城（今安徽宿州南）。这次起义和随后的胜利激励了附近的百姓们，点燃了他们心中对于暴秦的怒火。于是，他们纷纷斩木为兵，揭竿为旗，积极响应起陈胜的起义。从此，中国历史上第一次大规模的农民起义，爆发了。

　　这时候，陈胜的大楚之名在秦国的国土上响彻云霄。这之后，很多人受到了陈胜的激励，也紧随着他的步伐，开始了他们推翻暴秦、争夺天下的路程。

项梁挑起革命重担

秦朝的暴政终于激起了群众的反抗，作为领头羊的陈胜已经在大地上发出了他响亮的喊声。这阵响彻云霄的喊声像一道亮丽的闪电，又像一阵轰隆的雷声，以一种暴风雨般的姿态唤醒了整个大地。秦朝的大地从此不再寂寞，秦朝，进入了一个摇摇欲坠的时代。

让陈胜喊醒的第一个重要人物便是项梁。这个项梁不是一般人，是曾经的楚国大将项燕的二儿子。便是如陈胜那样的小人物都有推翻秦朝的念头，何况一个名将之后？在当时，不说秦国暴政，就是它对于六国的灭亡都能引起多少六国名士后人的记恨。有如在古博浪沙出奇招的张良，他作为六国的名士后人代表，表明了六国的后人对于秦国灭亡自己的国家始终是耿耿于怀的，因此，报仇与复国是他们反抗秦国的最终目标。

项梁作为项燕的后人，集国仇家仇于一身的他，必然也有张良的心态。而这次，陈胜更是以楚将项燕为名进行起义，因此，项梁觉得自己绝对不能置身于这次事件之外。

当然，项梁虽是名将之后，但毕竟是亡国的名将。当年秦军大破项燕时，项燕兵败自杀，项梁也在楚国灭亡后，因杀人而流落到了会稽郡治所吴县（今江苏苏州）。流落之人，故国之后，当然难以在秦国担任官职，因此项梁并没有掌握什么实权。没有实权就难以行事，项梁是很明白这点的。因此为顺利举事，自己就必须夺取一支军队的统治权。

项梁虽然没有实权，但在吴中之地却很有威望。当时吴中的贤人名士对于项梁都是很尊重的，每有丧事，一般都是由项梁出面主办。因为这份威望，项梁和当时的会稽郡太守殷通便成了朋友。人脉打开了成功的道路，项梁想要掌握实权，就必须在殷通上面做做手脚——杀了殷通，夺取地方政权。

殷通对自己是信任的，而会稽郡管辖范围之广，也是一个很好的选择。就这样，项梁决定了目标，只差实际方案了。

项梁没有军队，以兵力夺取政权是无法实现的。他只能靠计谋。项梁能想到的计谋就是利用殷通对自己的信任，出其不意地杀了他。当然，这类刺杀的行动还是需要一个武力过人的勇士的，幸运的是，在项梁那里，不缺勇士。

这个勇士就是项梁的亲侄儿，项燕的孙子，名字叫作项籍，字羽。项羽父亲早逝，年少时便跟随叔父项梁流亡到吴县。项梁是名将之后，自然有名将后人该有的见识，因此他对于项羽的培养是很重视的。在项羽年轻时，项梁曾经教过他读书，但是对书本提不起兴趣的项羽一看书便打起了瞌睡。项梁无可奈何，只好转而教他武艺。只是项羽学了一段时间后，又再次对武艺失去了兴趣，不想继续学下去了。项羽的行为令项梁感到愤怒，恨铁不成钢的项梁大斥项羽这个不可教的孺子：毫无勤奋的品质，以后如何担当大事？面对叔父的责怪，项羽却没有感到羞愧。相反地，项羽理直气壮地回应了项梁："书足以记名姓而已。剑一人敌，

不足学，学万人敌。"(《史记·项羽本纪》)

年少狂妄的项羽却也以他的歪理成功堵塞了项梁的嘴。项梁知道和年轻人讲不了道理，因为他们总会有自己的一份理念来反对自己。因此，听了项羽这样说，项梁心想：好，你要学万人敌，我就教你万人敌。想要万人敌，就要学兵法，于是项梁便让项羽学习兵法。一开始，项羽确实对兵法显出了很大的兴趣，并且认真地学了一段时间，只是很快地，一如以往，项羽便对兵法没了感觉，将它弃在了一边。

面对项羽的年少轻狂，项梁也无可奈何了。虽然这个侄子身上有一份过人的气质，不过项梁还是希望他能稍微收敛点，否则只怕会成为未来失败的缘由。有一次，当秦始皇出巡的时候，项羽看着宏大的车马阵势，两排军装闪闪的护送士兵，一辆辆气势雄伟的马车。见到这个阵势，年少的项羽有些许羡慕，但轻狂的他却没有表示出任何少年见到这种巨大场面时所应该有的惊讶，或许是他将这种惊讶压在了心里，故意以一种不屑的神情面对着它，然后，淡淡地说："彼可取而代也。"

我可以取代他！这句狂言一出，差点吓坏了在项羽旁边的项梁。项梁立即捂住项羽的嘴巴，警告他别乱说，这是关系到灭族的事的。项羽此举虽然让项梁再次看到了这个少年的狂妄，也因此让项梁为这份狂妄而更加担忧。但是，侄儿的大气与高远的志向同时也令项梁感到欣慰，项家毕竟出了一个有魄力的后代啊。

这就是项梁的侄儿项羽，也是项梁心中的勇士，狂妄却有初生之犊的勇气。有勇士在手，事情也就成功了一半，这时，事态紧迫，项梁要付出坚决的行动了。

秦二世元年（前209）九月，就在陈胜起义的两个月后，项梁来到了殷通的府中。在这里，殷通和项梁讨论起了陈胜起义的事。当时起义军的势力很大,有很多地方已经陆续追随陈胜而起,殷通明白局势,因此也正打算起兵反秦,并有意让项梁和另一个叫作桓楚的人担任军队统领。桓楚当时正出逃在外,项梁于是说:"桓楚亡,人莫知其处,独籍知之耳。"于是殷通便令项梁唤来项羽,希望项羽能受命去寻回桓楚。

项梁心中一喜,心想殷通已经进了自己的圈套,只要项羽这头猛虎一进入府中,你殷通逃都逃不了。因此,项梁立即唤来项羽。项羽面见殷通和项梁,假装听从项梁的命令。不一会儿,项梁便使了一个眼色,暗示项羽时候已经到了。于是,剑出鞘,一阵风过,项羽便以迅雷不及掩耳之势斩杀了殷通。

殷通还不知道发生了什么事,却早已身首分离。他的头被项梁提在手里,项梁的另一只手中拿着会稽郡太守的官印。项羽尾随在项梁之后,一见有反抗的部下便出剑斩杀。项羽武力高强,吴县府中没有可与之匹敌的对手。很快,项羽的剑下便死了一百多个卫兵。项家完全控制了县府。

项梁杀了殷通夺取政权后,还必须争取地方豪强的支持。于是,项梁召集来了吴县地区的豪强官吏,向他们讲了起事反秦的道理,并将殷通讲成一个不明局势、反复无常的人,也是因为这个道理,自己才会杀了他。这些豪强官吏本就对身为项燕后代的项梁敬重几分,现如今见他旁边又站着一个猛虎一般的英雄,在敬重之外更有了几分畏惧。更何况秦国统治者确实暴虐无道,若能顺利推翻,还世间一个清正的环境,自然也是自己的大功一件。因此,对于项梁,没有任何人对其进行质疑,所以很轻松地,项梁理所当然地接过了吴中(即今上海、江苏南部及浙江嘉兴东北部)地区的统治权,有部属多名,领精兵八千。项梁自己当了会稽郡郡守,项羽成了项梁的副将,巡行属下各县。

项梁成了会稽郡郡守，便立即宣告抗秦开始。整个吴中地区也从此开始进入了警备对敌的状态，与此同时，项羽开始了他的霸王之路。

项梁在吴中地区响应了蕲县的陈胜，起义的声浪由此往东南扩大了出去，延至到了沿海一带。很快，在江苏的最北方也即将有一个重要人物揭竿而起。到了这时，起义越演越烈，已经囊括了当代地图上整个安徽、浙江、上海、江苏地区，并以号召带动的强大力量持续地扩大着。

斩白蛇起义

几个村官押送着一群徒役正前往骊山而去。时已入冬，天色暗沉，寒风呼啸，这样的天气向这群徒役们展示了一个阴暗的前景——在骊山修陵至劳死。有如那一条蜿蜒千里的长城埋葬了无数劳工的灵魂，骊山之行必然再现悲剧。徒役们想到这里的时候，无一不感到毛骨悚然，难道自己注定葬身在这劳役之中？

苛刻的暴政已经失去了令群众服从的意义。面临着难逃一死的命运，这群徒役之中就有人决定对着命运冲一冲。既然要死，为何不逃？如果能顺利逃过修陵的重任，兴许还能过几年安乐的日子。于是，在刘邦押送这群徒役前往骊山的路上，其中陆陆续续有人逃掉。待到了芒砀山（今河南永城芒砀山）时，人群已经几乎逃光，所剩无几了。

刘邦望着队伍陆续减少，人又追不回来，只剩这几十个劳工，能修葺一座偌大的坟墓吗？心灰意冷的刘邦觉得继续押送下去也没什么意义，带着这几个人到了骊山，自己也要被论罪，既然如此，倒不如给这群人做个人情，让他们解脱去吧。于是，刘邦在芒砀山停了下来，招呼剩下的这些人围过来一起饮酒。酒兴正酣，刘邦豪爽地对人群喊道："公等皆去，吾亦从此逝矣！"说完便举起一杯酒一饮而尽。

众人见刘邦如此豪爽，无不深受感动，最后，在逃了一些人后，竟还有十几个壮丁自愿留下来追随刘邦。刘邦见这些人诚心归己，便和他们以兄弟相称，在逃亡的路上彼此之间相扶相助。

当天夜里，身上还有酒气的刘邦和一群兄弟走到了一条小路口。小路昏暗，刘邦令一个人前去探寻道路。不一会儿，探路者回道，说前方有一条大蛇盘桓在路中，过不去。当时听到这话，众人皆惊，纷纷劝说刘邦转道。可是醉意正浓的刘邦毫无畏惧，他大喊："壮士行，何畏！"便一个人挺直了腰杆，往大蛇盘睡的地方走去。众人怕刘邦出事，纷纷尾随在后。

走了不久，便见到了这条大蛇。这条大蛇身躯之大已然足以将整条道路给阻塞，虽然没有吓人的大动作，但它静躺在地，便足以威慑众人。可是刘邦竟然不现任何畏惧之色，只见他拔起腰间的剑，走上前，在众人还没从惊恐中缓过神来的时候，刘邦已然将大蛇斩成两半。

蛇就这样被刘邦杀死了，众人在一阵狂呼英勇之后，便继续往前赶路。有赶不上队伍的人在刘邦一群人之后赶到了蛇死的地方，忽然听到了一个老太婆的哭声。他们感到惊异，这种地方为何会有老人啼哭，便走过去询问。原来这个老太婆的儿子被人杀死了，故在此大哭。令这些人更感奇怪的是，当他们问起这个老太婆她的儿子是为什么被杀死的时候，老太婆竟然说起了一些很玄幻的话，说："吾子，白帝子也，化为蛇，当道，今者赤帝子斩之，故哭。"

众人一听，感到奇怪，再回头一看，那条蛇正是白色的，莫非老太婆口中的赤帝之子指的竟是刘邦？他们想到这里，将信将疑地，又准备继续质问这位老太婆的时候，竟然发现她不在原地了。众人感到奇怪，不敢耽搁，急忙往前赶路。赶上了刘邦一群人的队伍后，他们便把在白蛇处所见所闻告诉了刘邦。刘邦一听，心中不免大喜。

这件事的记载是很玄妙的，当然，所谓赤帝之子不会是真实的，这个传说很可能是出自刘邦自己的杜撰。其实，关于刘邦命中带贵的预言在很早就有了。那时刘邦还在当泗水亭长，有一天一个老人前来他家讨水喝，贤惠的吕雉便招待他饭食。一顿饱餐过后，这个老人很感谢吕雉，便为吕雉免费看相。结果，吕雉的面相竟然是大贵之相，而她的两个儿女将来也是富贵之人。吕雉当时不甚在意，觉得这只是这个老人家为报答自己而杜撰的预言罢了，因此微笑地对他表示谢意。这个老人便离开了。

待刘邦回到家的时候，吕雉对他说了老人的事，刘邦一兴奋，便立即前去追这个老人家。追上以后，刘邦问老人为何会觉得自己家人都是贵相，老人就对他说了："乡者夫人儿子皆以君，君相贵不可言。"刘邦一听，非常高兴，拜谢老人而去。

关于这事是实是虚已经无所考察，也没有考察的意义。但是，它和白蛇之说都表明了一点：在那个即将爆发起义的时代里，刘邦也已经在开始酝酿他的覆秦计划了。

刘邦无处可逃，便直接在芒砀山间四处躲藏。据说，在这段逃亡时间里，吕雉和村人要寻找刘邦轻而易举。刘邦感到奇怪，便问妻子为什么总是能找到自己。吕雉对他说："季所居上常有云气，故从往常得季。"这话就是说刘邦顶上总会有一道奇特的云气。又是这么玄幻的回答，或许这些都是刘邦拉拢人心的计策，而后来，这些计策都实现了它的效用——越来越多的沛县年轻人都来追随刘邦了。

秦二世元年（前209）七月，刘邦还躲藏在芒砀山间的时候，陈胜起义上演了，整个大地为之一动。到了九月份，起义的喊声越来越大，这阵起义风吹到沛县县里，也即将在这个县子里刮起一阵巨大的回响。

当时的沛县县令也想要在沛县响应起义，便招来萧何、掾属曹参商讨事宜。这两人认为县令身为秦官，只怕不足以服众，最好能先召回那些逃亡在外面的人，从而收降人心。当时出逃在外面的人便包括刘邦，而刘邦底下更是有追随者数百人，因此县令便令刘邦的好友樊哙前去召回刘邦。

可是当樊哙和刘邦带着数百人回到沛县准备面见县令的时候，县令却后悔了。他害怕召刘邦回来是引狼入室，一旦控制不好，只怕自己的县令之权旁落他人之手。于是，县令紧关城门，不让刘邦等人进入。县城里，萧何和曹参力劝县令，却被县令怀疑为通敌，便有意将二人问罪。二人惧怕，便连夜翻出城墙，追随刘邦。

萧何深知争取群众的重要性，县令身为秦官，早就难以服众，此时又反复无常，将这群本地人拒绝在外，已经失去群众的支持。而刘邦这人却相反，他在当地早有名气，此时手下又有上百跟随者，更兼最近关于刘邦是赤帝之子之类的传言很多，因此他要争取到群众的支持是完全有可能的。最后，萧何决定辅佐刘邦。

城门不开，刘邦只好将一封信件绑在箭上，射入城内。信件上对县里百姓们说了当今反秦时势已成定局，希望县里人杀了县令，重新选择首领，带领他们一起推翻暴秦，过上好日子。县里的百姓如同各个地方的百姓一样，早就对秦朝的暴政深感不满，当他们得到刘邦的信件时，立即集合起来冲入县令府衙，杀了县令，而后开了城门，迎问了刘邦。

刘邦一回县里，众人便拥立他为首领，希望他能带领县里的人闯出一片天地，让群众不再受暴秦的欺压。刘邦开始不敢领受，推却多次之后才只好接受众人的请求,领过了县令的地位。众人见刘邦接受,欢乐地大呼,将其拥入了府里的官椅上,纷纷称其沛公。就这样,刘邦领过了沛公这个称呼,在县府里举行了起义仪式。这支起义军祭祀了黄帝和蚩尤,然后用牲畜的血染红了旗帜和战鼓。瞬间,整个沛县一片血红,好像一条巨大的红蛇盘绕着整个县子。从此,赤帝之子的名号从沛县这块小地方往外发出,震撼了整个秦国的土地,也震撼了整个中国的历史。

刘邦在沛县正式起义,和陈胜、项梁遥相呼应,起义的声浪因此增强,秦朝面临着更大的危机。那么,当起义战争在如火如荼地进行着的时候,秦国的中央大官们又在做着什么呢?

李斯之死

整个江南地带已经喧闹了一大半，蓟县的陈胜、吴中的项梁、沛县的刘邦，还有那一些规模较小、不见载于史的队伍们，他们都为了争取改变他们的命运而奋斗。可是，我们可以看到，当农民起义军已经到了难以遏止的程度时，秦国的执政者们，却还沉溺在自己的权力天地里。

在朝廷，自赵高实现了他一系列的阴谋诡计后，已经到了独掌大权的地步。而秦二世胡亥还看不出赵高的危害性，放心地将整个国家交给他全权打理，这也是纨绔子弟为图安逸的作为。可是，赵高这人，最关心的一直都不是打理国家，而是夺取权力。在历史上，并不乏谋取权力却同时也在保家卫国的人，如曹魏的司马懿。和司马懿不一样的是，赵高这人更像一个阴谋论者，在他心里，权力比国家重要。当然，他却忽略了一点，国家若失，哪有权力？

农民起义战争已经在民间打响了，可是在赵高看来，这不过是地方性的反叛，不足为惧。难道一群小贼还想推翻整个秦国？真是想象力丰富。赵高对此嗤之以鼻，在他心里，有远比对付这群乌合之众更加重要的事——除掉李斯。李斯是在蒙氏兄弟死后唯一一个能在朝廷上和赵高相抗衡的人，他在秦国发展历史上所记下的功劳远非赵高能比，他赵高要不是得到胡亥宠爱，又怎能有机会和李斯平起平坐？因此，李斯在世上一日，赵高就忌他一日，只是苦于找不到理由来除掉他。这时候，这场农民起义倒给赵高送去了一个很好的想法。

李斯虽然也是个自私之人，当年为谋私利而害韩非，沙丘之变又有他的参与，但他毕竟是个有见识、有能力的人，他不像赵高那种无能之徒，无法权衡一场起义的重量。在李斯眼里，这场农民起义有很大的危害性，而当规模越来越大时，他的担忧也被证实了：这确实是一场足以危及秦国根基，甚至一不小心可以覆灭整个帝国的起义。

陈胜所带领的军队持续打着胜仗，地方官员们纷纷向中央政府发来求救的书信。可是这些上书不是被赵高所扣押，就是被胡亥的一句玩笑话给带过。无论在地方上面临着多大的败仗，胡亥仍旧在他的深宫里继续着他醉生梦死的帝王生活。

起义军的节节胜利和胡亥的所作所为之间的不搭调在李斯看来是很荒谬的。这场起义对秦朝的危害性正在一步步地扩大，可是身为统治者的人却全然无视，这令李斯感到难堪和羞愧。他毕竟是跟随秦始皇打天下安天下的人，这江山怎么说也有一半是他李斯的功劳，哪能亲眼看着它被拱手送到别人怀里？可是李斯很急，胡亥却对他不屑一顾。每次李斯求见皇上，都被胡亥找个理由给拒之门外了。

心急如焚的李斯脾气变得暴躁了，他苦苦寻求着见君上的机会，却求之无门。李斯的慌乱显露无遗。这时，这一切都让赵高看去了。赵高心里的魔鬼又再次不安地骚动起来，这下，总算让他找到陷害李斯的方法了。

赵高把李斯请来,和他大谈农民起义的事。当谈到秦二世面对乱政却仍在梦中的时候,赵高便对李斯说:"君何不谏?"李斯听到这里,先是愤怒,又转为无奈,只好轻轻地摇着头,对赵高说:"固也,吾欲言之久矣。今时上不坐朝廷,上居深宫,吾有所言者,不可传也,欲见无间。"一句话说出了李斯的窘境,却说到了赵高的兴奋点。赵高心里偷偷乐着,他想:你那么想见皇上,我就让你见。心里暗喜的赵高表面也装出了失望的神色,然后对李斯表示理解地说:"君诚能谏,请为君侯上间语君。"也就是他赵高非常愿意作为一个报信人,什么时候皇帝有空了,他会来通知李斯的。李斯一听这话,心中感到几分欣慰,似乎前景还不需要过于悲观。

只是,李斯和赵高耍了几回心计,也是个颇有城府的人,这时却怎么会轻而易举地中了他的圈套呢?看来,在国家危机时,李斯毕竟还是以国为上的。而他可能也以为赵高身为秦国人,在国难当头又怎么还有时间去玩他的那些诡计呢?可惜的是,赵高正是这种人。

李斯和赵高聊完天后,回到家便苦苦等待着赵高的通知。几天过后,赵高便派人前来通知李斯:皇上有空了。皇上有空了!李斯等这话等了多久!他李斯终于能一见圣上,向他讲述自己憋了多月的担忧。不说圣上听不听得进去,能多争取一回劝谏的机会就要多去争取。李斯急忙整理着装,赶到皇宫求见皇上。

可是当李斯赶去求见的时候,却正值胡亥玩得正兴的时候。当有人来报:丞相求见。被打断的胡亥怒火中烧,恨不得杀了他李斯。但李斯毕竟是一国长老,他胡亥也不便对其胡乱发威,只好派人打发了他走。李斯感到莫名其妙,却没有想到这可能是赵高的计谋,只是一贯认为秦二世娱乐的时间太长了,或者是即便是在秦二世空闲的时候,他都不愿意接见自己。李斯虽急得如热锅上的蚂蚁,却也无可奈何,只好叹口气,哀怨地离开了皇宫。

过了不久,又有人奉赵高之命前来向李斯报告:"皇上有空了!"李斯一听,如第一次一样急忙前往求见秦二世。可是,如第一次一样,李斯又被打发走了。就这样来来回回几次,李斯倒也不嫌麻烦,凡是揪到时机必不放过。可是李斯不烦,胡亥烦了。这胡亥被李斯陆陆续续打断了好几次娱乐时间,到了最后一次,当再传李斯求见的时候,胡亥彻底地发怒了。他再也没有心情继续玩下去了,他对着赵高大骂李斯:"吾常多闲日,丞相不来。吾方燕私,丞相辄来请事。丞相岂少我哉?且固我哉?"我有空的时候他不来,我娱乐的时候他就来,这不是存心和我作对吗?赵高见计谋已经成功了一半,立即装出很惊恐的神情,凑到胡亥耳边,慌张地对胡亥说起了当年沙丘之变,李斯也有参与却没有得到太大的奖赏,莫非是因为这事让他一直耿耿于怀,这时候想来找皇上讨个封王了?

这胡亥一听赵高这么说,脸色发红,转而铁青,又怒又慌的胡亥此时已经将李斯彻底扔进了自己的黑名单。旁边的赵高趁机更进一步,他说了李斯有可能叛变的一个原因。赵高说,李斯长子叫作李由,此刻正担任三川郡守,而陈胜和李斯又是故人,因此当陈胜带领一班贼军路过三川之地时,李由竟然不进行剿寇行动,而是任由陈胜胡作非为,非但如此,有传言说李由还和陈胜有书信往来,不知是真是假。

这当然是赵高的杜撰,其实是:李由面对陈胜的起义,奋力反抗,还给李斯写来书信,说贼势之大,希望中央援助。但胡亥哪儿知道这些?他只知道赵高口里说的话,这些话让胡亥对李斯更加忌讳。最后,在赵高的唆使下,胡亥派人前去调查李由通敌一事。

这个消息一传出，李斯才觉悟自己中了赵高的计策。慌乱之中他只能立即给二世上书，称自己忠心耿耿，倒是赵高是小人，需要多加注意。胡亥一看这上书，嗤笑一声，毫不在意。

几天后，起义声浪越来越大，李斯邀同将军冯劫和右丞相冯去疾联名上书进谏，希望秦二世暂停阿房宫的修建，减少边区戍守和转输，以缓解民愤。此举无异于作为导火索，直接令早已不满李斯的胡亥随便找了个借口将三人一举拿下，关入牢中。

冯去疾和冯劫两人对此非常痛心，他们为了不受羞辱，不久便在狱中含恨自杀。但李斯不甘心，自己跟随始皇多年，没有功劳也有苦劳，他胡亥凭什么随意就定自己的罪！因此李斯虽在牢中，却想尽各种办法给二世上书，但是每一份申诉都被赵高所拦截，胡亥听不到李斯的任何声音。与此同时，赵高对李斯用尽各种严刑来逼李斯承认他的通敌之罪。一开始，李斯不愿意承认，但最后实在忍受不了痛苦，便向前来提审的人承认了。李斯心想，反正只要不向皇上承认，不管自己向谁点头，都构不成他李斯的罪。

可是，当李斯点头点到麻木了的时候，这时秦二世派人来提审他了。李斯不知道这是皇上派来的，便一如往常地点头了。李斯算是向皇上正式承认了自己的谋反罪，罪名从此成立，只待接受法律的制裁了。

秦二世二年（前208）七月，夹在愤怒与悔恨以及各种情绪中的李斯被送上了刑场。面对着大秦江山，李斯叹了口气，他已经无力拯救秦国了。在一声"吾必见寇至咸阳，麋鹿游于朝也"的哀叹声后，李斯被腰斩了。

李斯死了，赵高得以更加肆无忌惮地擅用他的权力了。只是，随着李斯的死，大秦帝国的气数，也已经走到尽头了。

指鹿为马露真容

在中国五千年的历史上，政治闹剧的上演陆陆续续未曾断过，似乎每一个朝代的终结都必然会有一出政治闹剧前来相衬，有如西周的烽火戏诸侯。这时，在秦朝走向它的尾声时，秦廷上也开演了一场很有趣的戏码。

这场戏码是由赵高自编自导自演的。自李斯死后，赵高理所当然地坐上了秦国丞相的位子，他的权力较之以往又上升了一层，完全掌控了秦国朝廷的每一个角落。这个时候的赵高，比皇帝更像皇帝。

赵高确实很像皇帝，但毕竟还不是一个真正的皇帝。自除掉丞相，赵高并没有将他的目光转移到对付起义军之上，因为在他眼里，陈胜等人还不足以让他去费神对待。这时候，赵高有一个更可怕的想法——他想当皇帝。

赵高确实想当皇帝了，对权力过分偏执的他在成功抢过李斯的丞相位子之后，很快就不再满足于此了。对赵高而言，一个一个除掉，一节一节上升，最后将整个秦国土地给抱在怀中，这才是他的行动目标。因此，此时自己已经到达了第二高层阶梯，必须尽快将最高权力谋取过来，这就是赵高现在的目标。

但是，虽然自己在朝廷上已经有了呼风唤雨的权力，可是真的所有人都服从自己了吗？如果自己篡夺皇位，那会不会群起而反攻他呢？这是赵高在实现他的目标的行动中感到最担心的一点。看来，赵高还是有点自知之明的。他知道自己现在的成就不过是靠一些小伎俩获得的，想要服众基本不可能。当然，对赵高这种阴谋家而言，大臣的服从诚不诚心毫无意义，只要服从了，只要不敢对自己有任何反对之声了，那就可以了。因此，赵高要继续他的老本行，耍点小伎俩来确定大臣们是不是都服从他，是不是都不敢和他叫板了。

在一天早朝上，赵高上奏秦二世，称自己要送给二世一样朝贺礼。二世一听，喜从中来，急忙询问赵高是何礼物，有什么新奇之处。赵高一一道来，说这是一匹马，却不是一般的马，是一匹长得很不一样的马。这些话说得二世心痒痒的，按捺不住心里的好奇，命赵高赶快将礼物献上。

赵高随即令人将礼物带上朝廷，众人纷纷报以新奇的眼光盯着大门，等待着这匹奇马的出现。待贺礼出现在大门口时，众人一声哗然：这明明是一头鹿，怎么说是马了？顿时，窸窸窣窣的讨论声在朝廷上来回旋绕着。

面对众人的质疑，赵高无视，令人将贺礼抬到皇上面前，对二世鞠了一躬，很淡定地对二世说："马也。"这个胡亥一看到眼前的鹿，愣了一下，心想这明明是鹿啊，这丞相可真爱开玩笑。于是胡亥笑着对赵高说："丞相误也，以鹿为马。"赵高听了这话，先是假装摆出不能理解的神色，然后转向朝上的大臣们，一脸正经地问他们朝廷上的这只动物是马还是鹿。

大臣们正在窸窸窣窣地讨论着，有的人心中正感到愤愤不平，赵高竟然敢这样欺诈到君主身上。当赵高那浑厚的质问声在朝廷上响起的时候，立即将这一群细碎的议论声压了下去。臣子们个个都安静了下来，不知道该如何回答赵高。赵高面对着台阶下的众臣子，看着他们在自己面前一句话也不敢说，仿佛底下的这一群人已经完全拜倒在自己之下，此时的自己已经成了一国之主，所有的人都必须服从自己。站在皇帝旁边的赵高仿佛已经顺利取代皇帝了，心中免不了兴奋，此时的他几乎要飘飘然起来了。

可就在赵高幻想着他的帝王之路时，忽然底下有反对的声音出现了。赵高在幻想中明明听到了有人说："这就是鹿！"如此掷地有声的回应将赵高拉了回来，令赵高感到不寒而栗。紧随着，又有几句一样的回应陆续进入赵高的耳朵中，像一支支放出的箭连续射在自己身上，赵高尝到了被人攻击的味道。

臣子中有人察觉到赵高的神色在变，于是，"这是马"的声音也出现在了朝堂之上。就这样，"这是马"和"这是鹿"这两种声音在朝堂上面互相扔过来扔过去，扔得坐在皇椅上的胡亥已经搞不清楚东南西北了。不过台下的这种场面胡亥倒是第一次看到，感到新鲜的他大笑不止。

皇帝在笑，赵高可笑不出来。眼前的情景说明了臣子之间对自己还是有很多反对的声音的，看来，想要成功篡夺皇位，必须先把这些人给铲除掉。于是，赵高令人偷偷记录下了这些反对自己的人，待这场闹剧结束之后，找了些理由将这些人一一除掉。

"指鹿为马"收场了。它虽然表明赵高还不能完全掌控整个朝廷，但经过这事，所有敢对赵高说出自己反对之声的正直之臣都被赵高给害死了。从此以后，再也没有人跟和赵高叫板了，整个曾经辉煌过的帝国在赵高一人的淫威之下已经彻底地软了。而经过这事，胡亥竟然在赵高的欺瞒下以为是自己得了病，才会将马看成鹿。于是，在赵高的安排下，胡亥便到上林苑里进行休养。有一天，胡亥在上林苑里猎射，不小心射死了一个人。赵高再次借题发挥，对胡亥说他此举会引起祖先和鬼神的不满，希望皇上能移驾别宫躲藏。胡亥便真的移走了。有昏君如此，帝国再大，也终将有败亡的一天。

皇帝很忙，忙着关心自己的事，结果赵高此时真正到了一人独大的地位。但也就是在这个时候，起义的声浪已经越来越大了。陈胜的屡屡获胜让赵高已经再也不能去无视了，起义已经危及秦国的根基，再下去只怕要掀翻整个帝国了。如果秦国都不在了，那么自己的帝位又从何谈起？因此，赵高决定先暂时压下自己的私欲，将这群贼寇先打发了再回过头来和胡亥算账。

早在之前，地方官员的上疏一大摞，无一不是军事报急。只是那时候，政权由赵高控制，胡亥又忙着醉生梦死，因此所有的上疏都被赵高给扣了下来，结果给了陈胜的起义军节节胜利的机会。只有李斯收到儿子李由的来信，中央政府的这群官员们才得到一个关注起义事件的窗口。可是李斯却始终找不到机会向皇上禀告，最终又落个被赵高陷害至死的下场。因此，在秦朝的末期出现了这样有趣的景象：地方上官员正和起义军奋力搏斗并处于下风，可是中央的统治者却还在忙着过他们的安逸生活。有了这样的差距，秦国的灭亡也在情理之中了。

要到了这时候，赵高才真正懂了对付起义的重要性。因此，这时候他不将上疏扣下了，因为起义军的来犯比他想象的还要可怕——陈胜的大军已经逼近咸阳了！

陈胜的起义行动进展迅速，此时已经将目标定到了秦都咸阳之上了。

当秦二世听到这个消息的时候,顿时皇宫之上如晴天霹雳。他大惊失色,吓得半死,原来赵高一直跟自己说的天下太平是一个彻彻底底的大谎话!此时的胡亥再也没有心思去风花雪月了,他只能尽快地召集众臣进行商议。本来,到了这时候才开始反击已经很迟了,可是,很幸运地,在秦国面临危难的时候,还是有力能抵挡大敌的大将存在。

这个大将就是章邯。在接下去对抗陈胜的战争里,章邯几乎包办了所有战斗。而章邯就像一颗横空出世的明星,照亮了秦国,也令叱咤一时的起义军们顿时黯然失色。

章邯破陈胜

在陈胜的持续逼近下，秦王朝不得不正视这帮匪徒的力量。这时候，秦二世迫切需要一些勇将来打退贼军。但是，经过赵高的一番胡闹，秦国已经失去了无数的能人。那些有能力、有地位的人全因赵高的忌恨而遭遇不测，到了这时候，秦二世或许已经感受到自己以往的昏庸了。

就在秦二世感到迷惘害怕的时候，忽然有一人站出来了。这个人叫作章邯，字少荣，时任九卿之一的少府。秦二世这种不理国事的人对这个低调的章邯怕是一点也不熟悉，但紧要关头，胡亥哪还能在意再多？他于是令章邯尽快说出他的看法。

这个章邯说出了一个计策：赦免骊山的刑徒。章邯认为，贼军已经逼近咸阳，临时调集兵力已经来不及了，还不如赦免骊山的刑徒们，命他们举起兵器，反击来贼，保卫国家，将功赎罪。章邯的这个计策和萧何献给沛县县令的有几分相似之处，要知道，当时在骊山修陵的刑徒多达十万以上，如果能争取到这些人的支持，那无疑在无形之中多出了一支军队。

慌乱的秦二世一听，已经没办法考虑太多了，再说他那个脑袋，也不会去权衡得失。既然能无形之中增加兵源，那应该会是好的吧。于是，二世立即大赦天下，然后将这事全权交给了章邯去办，命章邯带领这几十万的刑徒击退贼军。就这样，章邯被任命为主将，领兵迎击来犯的起义军。

章邯领着骊山刑徒及奴隶七十万之众，浩浩荡荡地前赴战场戏地（今陕西临潼境内），在这里开始了他镇压起义的战争道路。当时前往戏地的张楚大将名叫周章，至于周章是怎么能逼近到这里的，这当然有部分原因是秦国政府对起义军的忽视，另外也有部分原因是基于陈胜的奋进精神。

陈胜在攻下蕲县后又一举拿下了铚（今安徽濉溪）、酂（今河南永城西）、苦（今河南柘城北）、柘、谯（今安徽亳州）等五县，不到一个月的时候就控制了安徽、河南交界的大片地区。这之后，陈胜又顺利拿下了战略要地陈县（今河南淮阳），并在此确立了专属于他的政权——张楚政权。

建立"张楚"政权后，陈胜便确立了主力西征，偏师略地，最后推翻秦朝统治的总体战略。为此，一方面他将主力军托付给"假王"吴广，命他西击荥阳（今河南荥阳），取道函谷关（今河南灵宝境内），而后直捣秦都咸阳，这是主力西征。另一方面令将军宋留领兵出击南阳（今河南南阳），进入武关，而后迂回攻取关中。又命武臣、邓宗、周市、召平等为将军，分别北渡黄河，进攻原赵国地区（今山西北部、河北西南部），南取九江郡，深入淮南地区；进攻广陵（今江苏扬州北）、魏国旧地（今河南东北部接连山西西南部），攻取长江下游、黄河以南大梁（今河南开封）等地区。

就这样，在陈胜的安排下，兵分多路开始了进军。虽然频频有胜利的消息传来，但在主力方面的吴广却始终没有好消息。最为关键的战线却难以突破，这令陈胜感到异常纳闷。荥阳是通向关中的重要通道，自古便是兵家必争之地。在荥阳附近，还有秦国囤积了大量粮食的敖仓（今河南荥阳东北敖山）。如果攻下荥阳，敖仓唾手可得。敖仓一得，非但解决了起义军的军需问题，同时秦军的粮食供应必被切断，秦军将不战而败。

但是，就是这么关键的战线却无法突破，非但如此，吴广在攻取荥阳的对战中还处于下风，这令陈胜十分着急。为了确保战略意图的实现，陈胜只得另外派出大将周章率兵西进，趁着吴广主力军与荥阳军队拉锯的时候，绕过荥阳，直取函谷关。就这样，周章接过命令，带领着起义大军往西前进，一路上斩关夺隘，势如破竹。面对着来势汹汹的周章大军，路途中的百姓纷纷自愿加入起义军的队伍，队伍迅速扩大，竟达到了数十万人之多。很快地，这支庞大的军队便打到了离咸阳仅百余里的戏地。

秦二世二年（前208）的冬天，当周章领着大军刚到戏地正待休整时，忽然听见战鼓响起，一支秦军正往自己的军队攻杀过来。这是起义军自反抗战争打响以来所遇到的规模最大的一次进攻，这次进攻出其不意，令周章措手不及。结果，十几万的起义军败在了章邯带领的秦军之下，周章只得领着起义军退出关中地区，据守曹阳亭（今河南灵宝东北）。

谁知周章在曹阳亭刚停下不久，章邯又马上带领着大军追击而上。在章邯的猛攻下，周章守不住曹阳亭，只得弃城而逃，退至渑池。很快地，退至渑池的周章又遇到了章邯的进攻。周章在几经挫折、无粮无援的情况下，在率部奋力与敌激战十几日后，终因寡不敌众而兵败于章邯。周章救助无望，最后只好拔剑自刎。

章邯一出兵便气焰嚣张，连败敌军。此举大大挫败了起义军的气势，令身在皇宫的胡亥总算可以舒了口气。在败了周章大军后，章邯毫不停息，立即率军继续东征。与此同时，在荥阳的吴广部队却发生了内斗。原来吴广部下的将领田臧因吴广不愿出兵援助周章而感到愤怒，他认为吴广此人不谙军事，不值得与之同谋。就因为这样，田臧便假借陈胜之名杀害了吴广。吴广一死，田臧便接替了吴广的地位，领着军队准备西进援助周章。然而周章已死，田臧的西进让自己陷入腹背受敌的困境。最后，在田臧兵退至敖仓时，因挡不住章邯的进攻，这支部队也全军覆没了。

至此，张楚政权的两大主力都战败了，战局已经彻底逆转，陈胜的败期似乎近在咫尺了。这时候，陈胜在个人的思想上也出现一些转变。自他称王后，便渐渐地和平民百姓们疏远了。当时，有个老乡听说陈胜发迹了，便从家乡赶来找他。待到陈胜有一日外出时，老乡直呼陈胜小名，才得以接近陈胜。可是这个老乡自以为和陈胜交情甚好，毫不避讳地对人讲述着陈胜小时候的事。一开始陈胜得知也不在意，后来有人认为这个老乡的举动是在轻视陈胜的王威，陈胜一听，才发现确实有这么一回事，便立即将这位老乡给斩杀了。这件事只是作为一个见证，表明了陈胜的思想确实在逐渐远离群众，导致了最后的"诸陈王故人皆自引去，由是无亲王者"（《史记·陈涉世家》）。

陈胜真正地当上了孤家寡人，与此同时，在陈胜之下的诸位将领们之间也开始互相猜忌，于是，起义军内部的分裂越来越大。吴广和田臧便是其中一例。在这种情况下，起义军已经难以合心，而秦国又适时横空而出一个章邯，看来，陈胜是该好好准备张楚政权的后事了。

　　章邯在解除了起义军对荥阳的包围后，立即倾尽全力进攻陈县。此时为秦二世二年（前208）十二月，陈胜面对章邯大军，亲率军队全力抵抗。然而即便陈胜付出再大的力量，终究难以抵挡章邯大军。最后，陈胜兵败，被迫退至下城父（今安徽蒙城西北）。在下城父，陈胜并没有死心，他企图再集结兵力，做最后的拼搏。但是，起义军内部已经分裂，陈胜最终死在了自己的人手中。这个刺杀陈胜的人是他的车夫庄贾。

　　陈胜就这样死了，他的政权在他的侍从吕臣那里得到了短暂的喘息。吕臣组成的苍头军以张楚为名，继续了陈胜的事业。但很快地，这支军队就发现了自己的能力不足以与大秦对抗，它更好的命运就是寻找一个更强有力的势力来依附。到了以后，刘邦将会接手对这支军队的统治权。陈胜底下由将领召平带领的另一部队则假借陈胜名义，拜另一支起义军的将领项梁为上柱国，使之渡过乌江，西上击秦。这时候，历史好像完成了一种接力象征，起义的重心由陈胜转移到了项梁和刘邦这里。这两支起义军便开始了它们谱写奇迹的历史。

　　陈胜虽死，但由他引起的起义风潮却席卷了大半个中国，如司马迁所言："陈胜虽死，其所置遣侯王将相竟亡秦，由涉（指陈胜）首事也。"（《史记·陈涉世家》）我们知道，在司马迁心里，陈胜的意义是重大的，这从他将陈胜的传记划入"世家"一事便可窥见一二。将陈胜的功绩和灭夏之商汤、灭商之武王相提并论，只怕一点也不为过。也因为如此，待日后刘邦统一天下、正式称帝时，在追封这些逝去的将领时，刘邦将陈胜追封为"隐王"，正式确认了他的地位和功绩。

在秦国这里，章邯的出场解决了秦国的燃眉之急，身为秦国当下仅存的唯一一个名将，章邯希望能将这种势头继续保持下去，用尽全力对付另外的起义军。这时候，在陈胜死后，起义重任转移到了项梁和刘邦那里。从此，这两个势力开始了它们和秦国的正面对决。

项梁的出击

秦二世二年（前208），一道微风吹过了一片草原，整地的绿草像舞女一般舞动起来。风势渐大，草地上的羊群身上的毛疯狂地飘拂着。这群羊被这突如其来的不宁静吓坏了，整个羊群瞬间慌乱了起来，四处逃散。在这片草原上，即将传进一阵不和谐的声音。

牧羊人看着羊群因慌乱而四处逃散，急忙举起手中的竹竿去追回羊群。可是羊群似乎看到了什么可怕的事物，全然不顾牧羊人在后方叫喊，一直没头没脑地往前闯去。很快地，羊群在牧羊人前面渐渐消失在了地平线上。牧羊人继续往前赶去，地平线随着牧羊人的靠近而往下降落。忽然，当地平线完全平行于另一个草原时，一个令牧羊人感到惊异的场景出现在了他眼前。

在牧羊人的面前，正站立着几个人。这几个人衣冠楚楚，全然不像这附近的农夫。有的人身上还搭弓佩剑，俨然朝廷将军的模样。牧羊人感到奇怪，在这片草地上他还从未见过这种身份的人。这些人来这里是为了什么？牧羊人有点担心，因为他隐隐约约感到了，此时此刻将会是他生命的转折点。

在牧羊人还在晃神的时候，这群草地上的外来者里走出了一个人，他来到了牧羊人的面前，二话不说便单腿跪在了牧羊人面前。牧羊人被这突如其来的大礼吓得往后退了一步，待回应过来准备将跪者扶起时，跪在眼前的这个人忽然开口说话了。而引起牧羊人万千思绪的是，这个人叫了他一声"楚王"。

为何牧羊人是楚王？原来，这个牧羊人并非一般的人，他是已灭亡了的楚国的后裔，是楚国的楚怀王熊槐的孙子，名为熊心。当楚国被秦国灭亡之后，熊心便被迫踏上了流亡的道路，后来流亡到了民间，当起了一个平凡的牧羊人。

熊心经过了多年的牧羊生活，早已对复国失去了信心和精力。在时间的侵蚀下，他慢慢忘记了自己本来的身份，在他的心里，龙的模样已然模糊，取而代之的是羊的形象。熊心现在唯一的要求就是在这片草原上和他心爱的羊群们度过余生。可是，眼前这个人却喊自己"楚王"，这两个字挑起了埋藏在自己心中多年的记忆，原来自己还是一个王。熊心对此感到追念，但当他冷静过后，便忽然有一种隐隐的担忧袭上心头。熊心不知道这些人来自哪里，来这里有何目的，自己又将因这些人而踏上怎样的道路。第三个问题熊心不能立即得知，但他希望能了解前面两个疑问，于是，他便向眼前的人进行询问。

询问过后才得知，原来眼前的这个人名字叫作项梁，是以前楚国的大将项燕之后。至于为什么他们会出现在这里，据项梁说，他们想拥立自己为楚王，推翻秦国，实现复国的目标。当听到这里的时候，熊心确实有点按捺不住心中的兴奋了。如果项梁不曾出现在这里，那么自己完全可以一辈子毫无幻想地过下去。可是这时候自己竟然有了登上王位的机会，这让自己如何去拒绝？在熊心那里，草原远离闹市的宁静从未完全浸透他的心，当利益的诱惑摆在了眼前，他做出了所有身在世俗的人都会做出的决定——接受它。

就这样，在熊心点过头以后，项梁一群人带着他离开了这片草原，并在盱台（今江苏盱眙）正式封王，仍称楚怀王，是为楚后怀王。

熊心的登基是秦末起义军所做出的一件很重要的大事，它是起义发展到一定阶段时所必然产生的产物。在陈胜死后，规模巨大的起义军便好似失去了凝聚众人的中心力量，而在陈胜底下的将领们也没有一个能成功取代陈胜的地位，号召各个地方的起义军团结一致。在这种情况下，凭借着名将后人的优势，项梁毅然决然地接过了陈胜的重任，自觉当起了起义散军的首领。但是，项梁的名将后人这个名号并不能给他带来太多的支持，此时此刻，他迫切需要一个更强有力的精神后盾，来支撑凝聚起整个散乱的反抗力量。就是因为这样，项梁的谋臣范增便向他提出了迎立熊心的建议。

项梁迎立熊心的目的不过是将熊心作为一个傀儡君王，在很大意义上是为了给在楚地上的起义军一个精神上的支持。只是，在项梁心中，此举更重要的却是因为它能因此而为自己在起义军之中树立起威望。这种类似挟天子以令诸侯的做法在历史上并不少见，在一个动荡的时代里，谁能把握集体的信仰支撑，谁就掌握了一个巨大的筹码。

这也就是谋臣范增的计谋。这个范增已经是个手拿拐杖、白发苍苍的七十岁老头子了。自项梁起义后，年过古稀的范增却不服老，毅然决然离开家乡，投靠了项梁。从那刻起，范增便将全身心力投入了辅佐项家的事业中。而项家的事业也在这个老人的打理下，从一个地方的小起义军逐步成了拥有巨大控制力的军阀。

在成功迎立了楚怀王之后，项梁便在怀王那里获得了一个武信君的封号。早在之前，项梁便缓慢地西进着，并陆陆续续在对秦战争中取得了一些小胜利。现如今，陈胜已死，自己又有楚怀王在手，项梁便放开了他的步子，开始了他大力西进伐秦的路程。

项梁早和刘邦合军一处，此时他派出了项羽和刘邦领军西征。先是，项羽、刘邦联军很快地攻破了城阳，而后直逼定陶（今山东定陶），却难以攻下，最后只好改变路线，绕过定陶直扑雍丘（今河南杞县）。当时在雍丘做抵挡工作的是秦将李由，也就是李斯的儿子。李由早在吴广进攻荥阳之时，便在荥阳城内顺利挡住了吴广的进攻，使得荥阳这块关键地得以守住，而后更和章邯一起击破了田臧所统之军。李由在镇压起义的战争里付出的功劳是巨大的，可惜的是，当时赵高为了陷害李斯，竟然诬陷李由有通敌之嫌，为此，秦二世特意派人前到雍丘调查李由。

在调查员来到雍丘的时候，项羽所领十万大军也正在奋力地争取攻下这座城池。面对士气如此强盛的敌军，李由在防守上显得有些力不从心。一方面，他令人赶快前往濮阳向章邯求救，另一方面，他又积极地组织城内军民固守城池。在这场城池守卫战中，李由身先士卒，坚守城池。为此，他还中了攻城士兵的弓箭。但他毫无畏惧，鲜血随着箭头拔出而喷溅，在包扎过后，李由像一个从未受伤过的士兵，再次站在了城墙之上。

终是寡不敌众，雍丘很快便被起义军攻破了。项羽领着起义军像流水一般涌进城内的大街小巷，李由急忙调集兵力，与起义军开始了激烈的巷战。但项羽勇猛，更兼兵力之大，很快地，李由的士兵便一个个倒去。到了最后，起义军的胜局已定，但李由仍在坚持，就算只剩他一个人，他也要为保卫国家而死。但在这种坚定的信念下，李由并不能创造出令人惊讶的奇迹，他的双腿慢慢地软了下去，他挥动长矛的力气越来越小。最后，人们看到了一个挣扎过后的人，慢慢安静了下来，血染红了他的战衣，手中握着的长矛插进沙里支撑了他全身，脸上的两只眼睛仍然如战时怒睁着，但是，他却没有了呼吸。

李由为国英勇赴死，感动了秦二世派来的调查员，感动了与他对战的项羽，为此，项羽还特意派人将他的尸体送回老家埋葬。令人唏嘘的是，当李由为了国家而拼搏，为了国家而不惜战死沙场的时候，他是否知道他的父亲此刻已经死在了他所效忠的国家之手？秦国有勇将如此，却只能落得这种下场，当败。

项羽在雍丘取得的大胜利令项梁感到兴奋，与此同时，他自己也领军大破秦军于东阿和定陶（今山东定陶）。持续的胜利令项梁心生大意，但是很快地，他将为他的这份大意而付出沉重的代价。为击退定陶的项梁，大将章邯来到了这块土地，准备和项梁展开对决。面对项梁的大军，秦国派出了大量军队增援章邯。获得增援的章邯如虎添翼，秦军士气顿时大涨。而同时，项梁却仍沉浸在胜利的兴奋中，却忽略了此时和他对决的并非泛泛之辈，而是大败陈胜的秦国大将章邯。就因为这份大意，也因为章邯的军事实力，项梁很快便在这场战争中败下阵来。不但如此，项梁也将他自己的生命送给了这场战争。

项梁战死了，如同他曾经接替陈胜一样，自然会有后来人来顶替他的位子，继续起义的路程。这时候，项梁肩上的重担落到了他的侄儿项羽肩上。这之后，在范增的辅佐下，历史开始记下了西楚霸王的丰功伟绩。与此同时，曾在项梁底下暂住一段时间的刘邦，已经逐渐地和这支政权分立，并慢慢地培养起自己的实力。此时，在项羽和刘邦之间，已经即将开始他们两人明争暗斗的生涯。

牧羊人的春秋梦

作为起义军主心骨的项梁死了,整个起义局势似乎有了变化。章邯继破陈胜之后再破项梁,气焰之大令人畏惧。此时由他所带领的秦军保持着猛烈的攻势,正在为镇压起义而做出最后的努力。而项梁之死,高兴的并不仅仅是章邯而已,有另外一个人最高兴,这个人便是楚怀王熊心。

若没有项梁的出现,熊心将一心一意管理着他手下的羊群。可是项梁的出现让这种隐士的情怀彻底消逝,对于权力物质的欲望再次燃放在熊心的心里。这种欲望在他被尊为楚王后更加猖獗,熊心已经做起了他的春秋大梦。

确实是春秋大梦,因为很快地,熊心便发现了这种尊王不过是一种形式,一种令自己成为项梁傀儡的形式。在自己手里,熊心感受不到任何权力,除了在生活起居上有一堆臣子听从自己之外,关于政治上的派遣,如果说自己还有一点号召力,那不过也是因为自己正在传达着项梁的意思。熊心已经成了项梁用来控制起义军的傀儡君王,虽然这里的生活比起他在草原上的生活要舒适百倍。但是,在当初项梁唤醒了他的欲望时，这种欲望就注定会走上他膨胀的生涯。

正因为如此，熊心对于项梁的控制始终感到困扰，但项梁手握兵权，自己手下却没有任何兵力，就这点而言，熊心根本不敢对项梁叫板。结果，在项梁有生之年，熊心都只能默默地隐忍在他的暗中施压之下。而这时候，项梁竟然战死沙场了。这个轰动一时的消息如醍醐灌顶般敲醒了熊心的头脑，他似乎在此刻看到了一点希望，也明白了自己接下来该实行一些举动了。恰时，有一个人的出现，更加坚定了熊心对于从项氏手中夺回权力的决心。

这个人叫作宋义，是故楚的令尹。章邯在大破项梁前，宋义就认定了项梁此人必因骄傲而兵败，结果竟然被他言中了。后来项梁死后，有人便向熊心举荐了宋义。宋义的到来坚定了熊心的心，我们无法确定在他们两人之间是否达成了某种共同的目标，但宋义身为智谋之臣，他的归附大大增强了熊心的信心。在熊心发现他并不是一个人在孤军奋战的时候，他的反抗便也开始了。从此以后，宋义便当起了熊心的谋士，为他策划着夺回大权的方案。

正当熊心为夺回权力而苦思冥想的时候，章邯的大军却还继续着它的破竹之势。早在定陶大败项梁之前，章邯便领军进攻了魏王魏咎。这个魏咎是故魏公子，早先跟随陈胜，后陈胜大军攻下魏地时，便将其立为魏王。当时魏咎根本无法抵挡章邯的大军压境，便向齐王田儋求救。田儋是故齐田氏宗族，在当时于齐地响应陈胜起义，自立为齐王。田儋见魏国求救，便领兵前往。但最后，田儋和魏咎都兵败于劲头正猛的章邯。

魏咎、田儋以及之后的项梁一死，章邯便做出一个错误的决定。他认为陈胜部下在东南这一带作乱的名将们都死了，楚地已经不足为患，便决定渡过黄河,北上转战赵地。这是章邯的一个巨大错误。当时,项梁的死在楚地将领之中引起了一阵巨大的恐慌。当时正在陈留(今河南开封东南)攻城的项羽和刘邦为稳定军心、保卫怀王,特意移师东归,并请怀王北上迁都彭城(今江苏徐州)。与此同时,陈胜旧部吕臣也觉形势严峻,只好放弃陈县投奔怀王。单从这几点看,便足以看出项梁的死给楚地带来的恐慌绝非一般。但章邯却没看到那环绕在楚地之上的阴霾,从而做出了这一个错误的决定,就因为这个大意的决定,章邯错过了一举灭亡楚国的机会,结果白白送给了刘邦和项羽这两个楚国大将一个绝处逢生的机会。

章邯渡过黄河后,再次凭借着自己出色的军事才能击败了赵军,结果逼得赵王歇不得不带着部下逃入巨鹿城(今河北平乡)里,在里面用仅存的兵马防卫章邯的进攻。可是,章邯的兵力十分强大,赵王很快便支撑不住了,为此,赵王急忙令人传信到楚地,希望楚怀王能出兵援救。

在楚地为夺回掌控权而烦恼的熊心,此时忽然收到了赵王的救援信件。这封信件来得很适时,它好像给了熊心一个充分的理由,让熊心敢在本属于他的政权上放开手脚去干。就这样,这次的求援似乎是一个昭告,它昭告了楚地的百姓——在楚地,真正的代表人物还是楚怀王!

楚怀王的信心大增,在宋义的帮助下,他开始着手整顿楚国的政局,开始了他亲理楚国军政事务的活动。在这短暂的时候,楚怀王以他的名义掌握了楚国的至高权力。至于有谁会拒绝承认这种威严,那是以后的事了。

楚怀王一将权力拿到手中,便开始了他灭秦的总策划。楚怀王先将时属于项梁部下的项羽和吕臣两支军队合并一处由自己直接统帅,然后提拔宋义为卿子冠军,确保了自己亲信对于兵权的掌控。而后,和各位将领做出一个著名的约定——"先破秦入咸阳者王之"。这个约定似乎用作激励和鼓动，在提升将领的积极性上确实起到了一定的作用，因为在当时，众人对这个约定还是很看重的。

紧随着，楚怀王做出了具体的部署。他命刘邦收集项梁、陈胜余部西行攻秦，然后由宋义为上将军亲率一路大军，统领项羽、范增等将军北上救赵。其实，当我们注意"咸阳之约"和怀王的具体出兵部属两者之间的关系时，我们便会发现一点——楚怀王偏向了刘邦。

为什么这么说，不难看出，既然先破秦入咸阳者可以王之，然后又令刘邦西进破秦，而将项羽控制在自己之下，将他拉到了北边，这难道不是摆明了助刘邦早项羽一步破秦吗？事实便是如此。在项羽和刘邦两人之间，怀王很自然会选择刘邦。关于这一点，历史上做出了这样的解说："项羽为人僄悍滑贼……独沛公素宽大长者，可遣。"（《史记·高祖本纪》）这是楚怀王的部将给怀王的建议，楚怀王认同了这点。结果，怀王和他的部将形成了共同的想法，派遣刘邦而不是项羽自然成了一个共识。

历史以性格来说事，当然，在某种程度上，项羽和刘邦的性格确实形成了一个鲜明的对比。而关于这两种截然不同的性格，历史显然选择了刘邦。因此，楚怀王对于项羽那近似残暴的性格保留着些许质疑也是理所当然的。但是，当我们联想到楚怀王在彼时的尴尬地位时，便可以看出这之中有更深的政治意义。

项羽作为项梁的直接接班人，无疑是项梁死后对于楚怀王来说最巨大的威胁。楚怀王想要顺利将政权从项家那里夺过来，第一个任务便是顺利地控制住项羽。因此，我们不难相信，楚怀王有偏离并压制项羽的想法。为此，楚怀王选择了亲近刘邦，企图在控制项羽的同时，培植刘邦作为支持自己的势力。至于为什么在众多将领中，楚怀王最后选中的

199

是刘邦而不是别人。关于这点，我们有理由相信刘邦具有出众的独特魅力，这也是他的成功之道。

楚怀王的算盘打得很好，但这几两重的伎俩难道就他和他的亲信看得懂？这显然是不可能的。项羽对于政治或许没有太大的阴谋，故而不懂得楚怀王心里的鬼胎。但是，项羽旁边那满头白发、头脑睿智的老人并不是好骗的。很显然，范增绝对看出了楚怀王的计谋。但是，在当初他提议将楚怀王拥上台的时候，他就必须想到小鸟也会有翅膀硬的一天。果然，无论项羽和范增再如何请求与刘邦同行西进，在楚怀王的坚决面前，这种请求弱得毫无力量。

局势已定，项羽只得乖乖认命，屈就在宋义之下，和他一起北上救赵。与此同时，刘邦带领他的大军往西边进发。这两支军队从这里开始了它们的竞争之路。

大战在即

秦二世三年（前207）九月，章邯派出大军围攻了赵国巨鹿。从巨鹿传出的求救声传遍了整个大地，各地新复国的诸侯们纷纷响应赵国的求救，派出兵队驻扎到了巨鹿之旁。起义联军的首次聚集似乎大有摧毁章邯军队的气势，可是很快地，这种团结便被证明了它那表里不一的实质。

赵国的求援游说活动是由赵相张耳来执行的。这张耳也并非泛泛之辈，在外交上还是有两把刷子的。他游说各诸侯救援赵国，并向各诸侯强调天下大势在此一举。在张耳的鼓动下，诸侯们都坐不住了，本来就是起义来推翻秦国的，这时候秦国的大军都到了这里，难得一次起义大军团结的机会，为何不掌握呢？因此，很多诸侯都响应了赵国。先有赵国大将陈余率领数万士兵前来，后南方来楚，北方来燕，魏国刚被章邯大败，无力奔波，而齐国的田荣也刚遭遇大败，更因个人恩怨而不愿前来，但是，齐将田都背着田荣也偷偷地参加了这次救援活动。于是，几路大军聚集到了巨鹿之地。两军的对决看似箭在弦上，一触即发。

但是，张耳千盼万盼而来的这些救援军，到了巨鹿后却成了江湖耍杂技的卖艺人。个个只是搞搞噱头，拿不出真功夫，每个人都静静地待在自己的营内，观望着正在巨鹿城上上演的戏码。其实这正如三国时期的关东联军，十八路诸侯谁都不愿先出头，毕竟枪打出头鸟，自己的实力能保存则保存。这点一直是联军的弊端所在，自顾自地，无法团结，谈何胜利！

援军的表现让张耳焦急万分，其他国家的人不出兵也就算了，你陈余身为赵国大将，难道还没有为国请命的气魄吗？因此，张耳派人前往陈余营中质问陈余，陈余的气势在这番质问下弱了许多，只好派出五千兵马救援巨鹿。五千兵马，对于章邯的四十万大军来说，这数字可怜得令人为其感到难过。不出意料之外，这五千兵马面对章邯大军，犹如小鸡遇到老鹰，很快便被撕咬得血肉模糊。五千兵马瞬间消逝，这令本就畏惧不前的各地援军更加惊恐不已。看来，他们已经完全失去前进的力气了。

对此，有人认为章邯围攻巨鹿此举正是为引出各地虎狼，然后在此一击破之。其实这似乎有点不可思议，毕竟在军事上，分散敌人而后一一击破更令人感到安心。将敌人都引到一起，然后来场大决战，除非章邯对自己有百分之二百的信心，否则断断不会行这险事。当然，在章邯已然大败魏、齐和楚各地大将的情况下，被胜利一时冲昏了头的可能性也不是没有的。

不管章邯究竟怎么想，援军们不愿出战的决心似乎都已经定下来了，而在楚国派出的军队中，这种思想也是占据上风的。

在楚怀王的任命下，宋义为上将军领着项羽、范增等人踏上了援救赵国反击秦国的道路。可是，当楚国大军来到了安阳（今山东曹阳东南）后，宋义便在这里卖起了他的关子——在安阳驻扎后便再也不前进了。

当然，这种事如果传到张耳那里，也就是跟其他救援军队是一样的，不过是因为惧怕秦国大军的气焰，因此迟迟不敢出兵。但是，张耳没办法闻到，在楚军的内部，其实正潜藏着一股争斗的硝烟味。

这场硝烟味是来自宋义和项羽的。早在楚怀王剥夺项羽兵权并企图疏远控制项羽的举动显明，这两股势力之间便开始了它们的暗中较劲。因此，在楚军一上路后，宋义便时刻想着除掉项羽，毕竟项羽不除终成后患，怀王和宋义都明白这个道理。于是，当军队来到安阳的时候，宋义便停住不前。一方面，他固然想静观巨鹿的变局，另一方面，他也正在准备着除掉项羽。

可是宋义行事不够果断，在这次停军中，他停了整整四十六天。四十六天对于一个平凡的世界来说或许不算多，但对于在当时风云变幻的时局里，四十六天可以发生的变故是很多的。宋义的优柔寡断显露无遗。

这种优柔寡断在果敢的项羽眼里简直是懦夫所为。项羽非常不满宋义的行为，既然来了又在这里停住不前是何意思？到了这时候，两人之间的矛盾已经到了无法缓解的地步了。何况项羽这边也明白宋义想除掉自己的心思，与其等人出手，倒不如自己先下手为强。于是，项羽发动了兵变，杀死了宋义。

当然，项羽很早就想杀了宋义，只是碍于楚怀王这尊大佛的名义摆在那里，自己若无故擅杀主将，只怕惹来众人非议，从而落个众叛亲离的地步。这个时候，宋义的犹豫不前已经令急于西进攻秦的项羽忍无可忍了。于是，项羽将宋义的怯懦行为作为理由，顺利地除掉了这个眼中钉。在当时宋义手下，猛将是占据官员的大半的，因此对于宋义这种文人式的谨慎，他们也自然对其有所鄙夷。所以，项羽找的这个理由还是有点用的，因为它代表了大部分武将的心思，因此宋义死后，便没有人对项羽表示反对。

当然，有最大反对之声的是楚怀王。楚怀王一直都是宋义这一边的，这时候宋义被项羽所杀，自己控制项羽的想法基本上趋于破灭，这对楚怀王造成的打击无疑是巨大的。但是，宋义一死，站在楚怀王这边的人已经寥寥无几。在楚国，很多将领都是以前项梁的手下，因此若要让他们在楚怀王和项羽之间进行选择，项羽当然比较抢手。因此，楚怀王虽心中反对，却不能将它宣泄出来。无可奈何，楚怀王只好让项羽顶替了宋义的位子，统领楚军反击秦军。

项羽此时已经逆袭成功，将楚怀王的阴谋彻底地击碎。但是，楚怀王不死，毕竟也是个令人担忧的后患。关于这点，在项羽将他的翅膀锻炼硬了之后，他会将其付诸实际的。而此时，在项羽的面前，有一个更大更艰巨的问题，那便是章邯率领的四十万大军。四十万大军，相较于项羽手下的六万多士兵，足足六倍多的差距，便是姜太公再生，对此也会感到棘手。

可是项羽没有时间去害怕，身为猛将，他也不屑去害怕。要知道，自己已经在赵地耽搁了足足两个月的时间，此时的刘邦恐怕早已经接近了咸阳。要是破秦这件轰动的大功劳就这样拱手被刘邦拿走，好胜的项羽无论如何都是不会甘心的。因此，面对再强大的敌人，项羽都必须大胆地放手一搏，争取在最短的时间里取得最大的胜利。

而对于这次的放手一搏，历史即将见证项羽那令人钦佩的魄力。背水一战的决心将整个楚军带进了一种博弈的危险地带。在项羽那具有赌徒般的不惧一切的奋进中，一场旷世之战即将打响在秦国的土地上。这场战争作为秦国灭亡的信号，以一种里程碑的意义，向世人宣告了另一个时代的到来。

　　与此同时,还在围攻巨鹿的章邯信心满满。一群乌合之众此时正聚集在巨鹿以外,进不敢进,退不甘退,章邯对此嗤笑一声,不屑一顾。但是,在章邯准备一举攻破联军收复整个秦国失地的时候,他永远也不会知道,他当初做出的离开楚国转战赵国的决策,竟然给了另一个人击败自己的机会,而这个人此刻正混杂在这群他所看不上眼的联军之中。很快地,章邯会将这个人的名字铭刻在心。在他的心里,这个使自己成为秦国倏忽而逝的流星的人,他的名字就叫作项羽。

章邯跳槽

在项羽还没出现在章邯面前的时候,章邯可谓秦末的第一将军,过关斩将对他而言似乎已经成了家常便饭,章邯的威名无人不知。而章邯自己也很了解自己的地位,因此对于围攻巨鹿,章邯信心满满。在章邯的心里,将秦国失地收回囊中指日可待,而这重任必将落在自己的肩上。当然,在当时的秦国,这个重任也只能落在章邯的肩上。

可是,正如《三国演义》里周瑜死前的纳闷:既生瑜何生亮?章邯很快也要遇上和周瑜一样的尴尬。

项羽面对着章邯四十万大军,已然做出了拼死一搏的决定。但是,这种拼命不是一味地勇闯,项羽能成为一代名将,绝不仅仅是靠他的武力。在项羽出兵之前,他先已做好了万全的部署准备。

项羽的进攻布置是根据章邯的攻城部署而决定的。当时,围攻巨鹿的是章邯手下的大将王离。王离是名将王翦的孙子,王贲的儿子,在秦末的镇压起义战争中也是秦国的重要人物。关于王离,有一个很有趣的故事。故事是这样的,在当时王离围攻巨鹿的消息传出以后,当时有人就议论开了。有人认为王离作为名将之后,围攻巨鹿必胜无疑。但是,有人对此提出了反对意见，认为一个家族兴不过三代，只因前人杀伐过多，必由后人来承担，而王离作为王家的第三代，必败无疑。这两人的议论当然不能作准，不过后者的猜测倒也真言中了，虽然其理由有点不靠谱。

再说章邯令王离围攻巨鹿，然后自己驻扎在巨鹿南方，一边令人筑起甬道为前线的王离输送军粮，一边也虎视着前线的变动，伺机而出。章邯和王离的军队就这样如两只巨钳牢牢地盯住猎物，令巨鹿这座城池如芒在背，危在旦夕。

但是，百密总有一疏，章邯和王离的两军大军各在一处，而其中间的甬道便是秦军的缺点。项羽看中了这点，因此他便将两军之间的甬道作为突破对象，以黑虎掏心的战略切断两军之间的联系，而后一一击破。项羽的战略是很好的，但是，现实总是比梦想还美好。这招黑虎掏心只能保证项羽多大概百分之十的成功率，却不能给予项羽百分之百的信心。面对章邯的大军，项羽只能尽量去谋事，至于成不成事，那还要看天意了。

为突破秦军的甬道，项羽令大将英布和蒲将军各自带上自己的兵马渡河进攻。两人不负所望，很快便攻破了秦军的一部分甬道。这只是一场小胜利，但它却证实了项羽的看法是正确的——秦军甬道虚弱。为此，项羽决定立即大举进攻，拿下秦军的整个甬道，控制住甬道，从而截断章邯和王离两军之间的联系。这样一来，在前线的王离军一缺粮，必不战自败。

但是，项羽此举是在冒险，因为当他决定将全军带过漳河时，就必须冒着全军溃败的危险。但是，项羽不愿继续等下来，谨慎一直不是他的作风，他更宁愿雷厉风行点。何况此时探知甬道虚弱，如果不趁机进攻，只怕错过千载难逢的时机。因此，项羽最后决定放手一搏，将整个军队的命运交给了上天，要么大胜，要么大败。

项羽带着所有的楚军渡过了漳河。在全部渡河之后，为了鼓舞士兵的士气，项羽在河边发表了即兴演讲。演讲铿锵有力，成功地激起了士兵们的战斗力。为保证这种战斗力更加持久，项羽做出了一个令人惊讶的举动——破釜沉舟。项羽将所有渡河的舟船都凿破了，舟船一架架沉入了河里，彻底断了楚军后退的道路。破釜沉舟之后，项羽向士兵们宣布了一个更加可怕的消息——楚军只带了三天的军粮！士兵们听到这个消息，脑子瞬间一片轰隆作响，刚才在心中燃放的战火瞬间蹿上了脑子。他们都懂得项羽这两个举动意味着什么——要么赢，要么死！项羽的这种大无畏精神感染了在场的所有士兵，他们挥动着手中的长矛，"推翻暴秦"的喊声在漳河边上震天动地。

项羽这几近疯狂的作战姿态将楚军的整个战斗激情点燃到了最高点。这群背水一战的士兵别无选择，他们只能以百分之二百的精力去争取那低于百分之五十的胜率。项羽的目的确实达到了，他立即以他那特有的军事魅力，带领着这群浑身燥热的士兵们赶赴战场。秦军建筑的甬道在这一群疯狂强盗的进攻面前，已经到了悬于一线的危险境地。

章邯接到了项羽大军进攻甬道的消息，淡定的他也不得不露出慌张的神色了。甬道若破，前线的王离必然陷于联军的围攻之中。而王离若战败，秦军士气一消沉，只剩自己孤注一掷，也难以挽回败局。因此，章邯必定要保住甬道，只要甬道保住，联军就毫无胜利的希望。

章邯立即领军前往解救甬道。但是，或许面对项羽的几万大军，章邯还是有点小视，又或许因为有之前英布的例子，以至于章邯认为这次的进攻也不过是搞搞小破坏。总之，章邯虽然正视了项羽，却似乎没有过于重视。因此，他只是马虎地派出了军队，以为这样便能赶跑项羽的大军。可惜的是，章邯永远不知道项羽在进攻甬道前已然为自己断了后路。结果，章邯的兵败毫无疑虑。

这是秦军在围攻巨鹿以来的第一次大败。在大败之后，章邯立即重整军队，明白了该用敬畏的态度来对待这位称作项羽的敌将。可是，战争总是不留情的，像宋襄公那种仁义至腐的战争观只能贻笑大方，项羽绝对不是这样的人。在章邯败后，项羽丝毫不给秦军喘息的机会，立即领兵从后方抄袭了毫无准备的王离军队。王离军正一意地围攻着巨鹿，防守着潜藏在各个地方的诸侯军，却不知道在他的背后，一支军队如闪电一般击穿自己的背。在这突如其来的袭击里，王离做出了最后的应对。但挣扎无效，王离最后仍是大败于项羽之下。

王离的死解除了巨鹿之围的警报，但是，战争还没有结束。此时，章邯退据棘原，手中仍握有二十万的大军。士气高涨的项羽希望能一举攻破章邯的军队，章邯的军队若败，秦国的灭亡便也指日可待了。可是，这时候忽然从楚国传来了一道命令，这道命令牵制了项羽前进的道路。

在楚国待着的楚怀王见项羽大破王离，声望骤升，心里对其更添了几分畏惧。因此，楚怀王决定出手了，他不愿意看到项羽过得那么滋润。于是，楚怀王立即给项羽一个命令，令其立刻回师。项羽接到了这道命令，但是，他早就不将楚怀王放在眼里了，因此回师是不可能的。不过，项羽也不愿将反抗楚怀王的命令表现得过于明显。因此，他虽不回师，但也暂时放松了对章邯的进攻。就这样，项羽和章邯两军处于对峙中，而与此同时，项羽也利用了这段时间做着收买诸侯的一系列举动。

虽说在这接下来的时间里没有决战，但陆续的小战斗还是有的。此时，项羽已经掌控了战争的主动权，章邯只能被动地防守项羽的每一次进犯。虽然章邯很想重拾往日的军威，但在项羽的威势面前，这种努力似乎很难生效。结果，章邯被项羽慢慢拖着足足待了几个月——这没有消磨章邯的意志，却激起了秦二世的不满。

眼看章邯和项羽两军对峙，毫无进展，秦二世有点忍不住了。为此，他屡屡派人前往章邯军营中督促章邯出兵，并斥责章邯不能好好用兵，导致巨鹿大败。章邯被中央的持续轰炸惹得心烦意乱，只好派出部将司马欣回咸阳打探消息。哪知司马欣一到咸阳，就立即被赵高派人捉拿，最后司马欣从小路逃回。逃回后，司马欣便将咸阳所遇告诉了章邯，对章邯说："赵高用事于中，将军有功亦诛，无功亦诛。"章邯叹了口气，秦国有昏君佞臣，自己是否还有为其效命的必要？在无法取得进一步胜利的情况下，章邯已经有点迷茫了。就在这时候，赵国大将陈余给章邯写来了劝降信，章邯对此没有表态，心却明显地动摇了。

项羽对此一览无遗。既然章邯动摇了，军心必然也会受到影响，项羽决定抓住机会，进攻章邯。于是，项羽命蒲将军迅速到漳南击破章邯军，而后由自己带大军再败章邯。就这样，军心早已动摇的章邯军又连续遭受了几次大败。在这种情况下，章邯已经别无选择。最后，他带领着仅存的十二万大军投降了项羽，从此以后，秦国再没有一支军队能和起义军相抗衡了。

章邯的投降彻底震碎了整个大秦帝国的梦，作为一个信号，人们已经看到了在不远的将来，天下将不再姓秦了。

死是最好的安排

巨鹿之战扭转了秦末战争的局势,项羽的胜利给了秦国一个巨大的打击,而章邯的投降更在这个打击之上加上了一个更可怕的噩梦。曾经辉煌一时的大秦帝国已经陷入了被动的局面。可是,就在当下,就在巨鹿之战为秦国划下了一道深深的疤痕时,秦国朝廷上却还闹声一片。

赵高始终都没有结束他那集最高权力于自身的欲望,若不是起义军的攻势甚猛,他也绝对不愿让秦二世看到这个真实的世界。可即便是在赵高同意镇压起义之后,他也完全不放心让章邯在战场上表现得过分出彩。在章邯对外战争的过程中,无时无刻不感到来自咸阳的压力,而这压力很明显是出自赵高的唆使,这点从司马欣一事便可看出。猛将在外为国而拼命,国家却掌控在这种佞臣之手,章邯的投降是时势所逼,理所当然。

至于秦二世,当他得知章邯兵败投降后,他确实已经感到了过去自己的安逸生活是多么荒诞,也明白了赵高这人是多么阴险,竟然敢一而再再而三地欺骗自己。但是,无能的二世即便是清醒了,他也不能做什么来挽救这个败局。已经没有大将可以为秦国请命了,秦二世只能整日寝食难安、以泪洗面，日日斋戒于望夷宫（今陕西咸阳东北泾河南岸），惶惶不可终日。

在望夷宫里，秦二世仿佛看到了赵高就站在自己身边，台阶下站着一头鹿，但赵高却说这是马。这种明显欺诈的行为为什么自己当初会傻傻地相信呢？二世想到这里悔恨不已，自己被赵高欺瞒了多少年，为此而害死了李斯等一批忠臣。这都是自己的罪！大秦帝国若有灭亡的一天，自己又该如何去见先祖呢！

秦二世感到伤痛不已，他在深深自责的同时也一直在责怪着赵高。要不是赵高，自己又怎么会犯下这种错呢？秦二世越想越不甘心，最后，他决定派人去质问赵高，质问他为什么他总说起义军不成气候，可这时候起义军却反过来欺压到了秦国头上？

赵高早就知道会有这一天，因此在章邯战败后，为逃避二世的责怪，他便整日称病不上朝。这时候，赵高果然接到了二世的质问。这令他惊恐不已，他明白秦二世已经在慢慢地记恨自己，如果自己还消极地逃避下去，那只能将自己辛苦经营了多年的权力之路给让掉。因此，赵高决定先下手为强，他已经在开始谋划一件轰动的大事了。

为了成功弑杀二世，赵高找来了自己的女婿阎乐，和他一起商量对策。经过一番讨论后，他们制定了这么一个计谋：由咸阳令阎乐率领手下的士兵装扮成山东农民军攻打望夷宫，然后以郎中令赵成在宫内为内应，而赵高则负责指挥全局。

赵高可不愿让这场噩梦一直持续下来，他想要快点将它解决掉，因此，在计划制订完后，他们便立即将其付诸实行。先是，在宫内的赵成四处散布谣言，说是咸阳城内有盗贼，然后令阎乐急忙领兵出去追击。这时候，阎乐顺利地出了宫，也将宫内的大部分军队带了出去，致使宫内防守空虚。而后，在宫外的阎乐立即命令他的几千亲兵，化装成农民兵后回过头来直逼望夷宫。跟着，阎乐立即以追击盗贼为名返回望夷宫，待来到宫门前时，阎乐大声地斥责守门官为何放盗贼进入。守门官还不知道发生了什么事，便被阎乐不由分说地一刀斩杀。守门官一死，阎乐立即领着士兵直入望夷宫，逢人便砍，一时间宫廷里面尖叫迭起，血肉四溅，尸体遍地，整个宫殿陷入了恐慌。

秦二世看到眼前这一幕，吓得双脚都难以站立。全身瘫软的他只能躲在自己的房间里对天祈祷着。但是，这种祈祷很快就被证明是没有用的了。因为，阎乐和赵成已经领着士兵闯进了二世的房间里。这时候，秦二世才算真正明白了这根本不是一场贼寇入侵，而是赵高这人一手策划的宫廷政变！秦二世愤怒异常，他立即招呼左右护驾，却发现已经没有人可以回应他了。

二世努力地想逃脱，忽然发现了旁边还有一个内侍。他急忙拉过内侍的衣领，大声地骂他："公何不早告我？乃至于此！"这个内侍死到临头已经对二世毫无畏惧，他大声地反问秦二世："臣不敢言，故得全。使臣早言，皆已诛，安得至今？"这话的意思是说要不是因为这位内侍一直都不敢对皇上直言，他哪能活到现在？这话深深地刺痛了秦二世，他忽然想起了以前那些因进谏而被自己杀死的臣子们。事已至此，一切还不是自己的过错？秦二世心灰意冷了。当阎乐抓住他，历数他为帝以来的过错时，秦二世接受了这一切。只有到棺材搬到了眼前，人们才会认识到自己的错误。

但是胆小的秦二世不想死，他答应阎乐自己不做皇帝了，只愿意做个一郡之主，求阎乐放他一条生路，但阎乐拒绝了。后来，可怜的二世将条件降到了当一个普通百姓，阎乐也丝毫不见同情。只听阎乐毅然地对二世说："臣受命于丞相，为天下诛足下，足下虽多言，臣不敢报。"秦二世见时势已定，自己再如何求饶都无济于事，只好在阎乐等人的逼视下，自杀而亡。有谓可怜之人必有可恨之处，秦二世的死全由自己一手缔造，实在死不足惜。

秦二世的死被报告到了赵高那里，赵高欣喜若狂，似乎从此以后这个秦国就是他的了。兴奋的赵高立即赶到了二世身旁，连看一眼自己君主的时间都没有，便立即在他身上搜寻起了玉玺。赵高对二世的尸体毫不悲悯，在拿过秦二世的玉玺之后，立即走上朝廷，召集大臣，企图仰仗着自己也有赵氏的血统，准备向众臣子宣布登基。

但是事实证明赵高的登基不过是黄粱一梦，因为完全没有任何理由来支撑他的这个想法。篡位这种关系到帝国原则的事，岂能由他胡作非为？所有人无不对赵高怨恨异常，因此，对于赵高的篡位，大家都用无声的回应来抗议。就这样，这一场沉默的反抗打碎了赵高为之苦苦奋斗的皇帝目标。

赵高也懂得大势所逼，他不会傻傻地去和局势反抗，硬要当个皇帝，结果没几天就被人推翻。因此，赵高只好临时改变主意，找来了子婴，将玉玺传给了他。关于子婴的身世一直都是个谜，《秦始皇本纪》说子婴是胡亥的侄子，《李斯列传》又说是秦始皇的弟弟，也有说法是胡亥的哥哥。三种说法里第一种较为流行，迄今为止多采用这一说法，认为子婴便是胡亥哥哥扶苏的儿子。

当然，关于子婴的身世已经不重要了，现在更重要的是秦国在子婴这里还能支撑多久。很明显地，历史的回答是将不超过五十个天数。在子婴继位后，因秦国的国力已经大不如前，因此只得自行取消帝号，自称秦王。秦国的自降一级令这个摇摇欲坠的国家连一份廉价的名义都保不住了，实在令人感到悲哀。

子婴很快就要将秦国拱手让了出去。不过，在子婴让国之前，他做出了一件大快人心的事。早在之前，子婴便早已对赵高有所耳闻，知道此人是个奸诈之辈，权欲之奴。而子婴也知道自己被赵高所迎立，不过是作为一个傀儡而存在。因此，既然复国已经无望，子婴更愿意先斩杀赵高来一解心头之恨。于是，子婴便与自己的贴身宦官韩谈商定了斩除赵高的计划。

先是，赵高希望子婴在登基前要先斋戒五天。可是五天过了，待赵高派人来请子婴的时候，子婴却称病不前。赵高无奈，只好自己亲自前往。待赵高一到，韩谈便立即亮出兵器，一刀将赵高斩杀了。至此，这位为了自己的权欲谋划了一辈子阴谋的政客，最终还是得死在自己的权欲之下。赵高死了，子婴随即召集群臣进宫，在历数了赵高的罪孽之后，子婴下令夷其三族。

胡亥和赵高都死了，他们两人作为大秦帝国的掘墓人将永远遭受着后人的指责。或许，对于这种罪大恶极的人，死亡是对他们最好的安排。

秦三世子婴接过这个残破不堪的国家，他已经失去了任何复兴国家的冲动，而且时间也从来不允许他有这种冲动，因为在很短的一个半月之后，当刘邦进入咸阳的时候，辉煌一时的秦帝国便向世人宣告了它的终结。

最后的清场

章邯的倒戈给了摇摇欲坠的秦国一个巨大的打击，而后秦二世和赵高的死虽然为秦国铲除了两大祸害，却已经来不及根除秦国久年积聚下来的弊病。当秦三世子婴接过秦国的统治权时，深谙大势的他给自己的帝位降了一级，大秦帝国可怜到连一个名号都保不住了。

望着众叛亲离、山河破碎的局面，子婴唯一能做的也就是除掉赵高，除此之外，对于这个病入膏肓的国家，子婴实在想不出一个好的对策。他只能在焦躁和悲悯中度过他短暂的秦王生涯。在很多时候，他憎恨赵高，是因为赵高将自己拉上了这样一个尴尬的位置。子婴，在痛苦的挣扎中，基本放弃了秦国。

便是子婴愿意为了复兴秦国而付出巨大的努力，事实也会无情地告诉他，这种无济于事的举动是愚蠢的。因为就在子婴为了秦国的未来而惶惶不可终日的时候，在他东方的起义军们仍然声势浩大，激情澎湃。虽然项羽的起义联军终因之前章邯在巨鹿的牵制而导致入咸阳破秦的日程一再拖延。但是，早在项羽忙于应付章邯大军以及楚怀王的时候，一支军队已经绕过了秦军主力直逼咸阳。

这支军队便是刘邦所统部队。

刘邦奉了楚怀王的命令，在项羽北上救赵的当儿便立即抓紧时间，西进破秦。刘邦在西进的过程中是幸运的，当时秦国的主力已被章邯和王离领到了巨鹿，因此刘邦的西进阻碍不大。更兼刘邦手下贤臣良将众多，有郦食其用计攻克陈留，又有陈恢以攻心策略兵不血刃地拿下宛城，之后更有张良成功抢夺峣关，于蓝田大败秦军。用人之道始终是刘邦引以为豪的能力，这点让他区别于秦朝的统治者和后来的项羽，是他可以在这场战争中站到最后的原因。

早在刘邦准备进攻武关之前，赵高便派出了一个使者前往刘邦营中，说是愿意和刘邦共分关中之地。要知道，武关之内便是关中，赵高早不给刘邦消息，非得到大难临头了才提出这种请求，对此，刘邦不屑一顾。赵高是阴险小人，别说刘邦怀疑这个约定的真诚性，便是赵高真有这份心意，刘邦也不会答应，毕竟当时起义军势力正大，刘邦不会傻到去勾结赵高而将自己置于两边不讨好的地位。而从赵高此举中也可清楚地看出，秦国在当时对待起义是充满慌乱和无力的。

在蓝田大败秦军后，秦军基本放弃了抵抗，刘邦便势如破竹地直驰于关中地区，很快地，他便抵达灞上。灞上正处于秦都咸阳东边不远处，此时，刘邦如一头虎狼一样占据灞上，两眼发射出灼热的光芒，对着咸阳露出了邪笑。

在咸阳里面的子婴一听到刘邦进驻灞上，如同一道闪电直击脑袋。终于来了，自己为此担忧了几十天的情况终于还是发生了。当面对着这个事实的时候，子婴虽然有一股难以表述的悲痛，却也隐隐约约感到了一种潜藏在心底的舒适感。当危难到头了，子婴反而不怕了。

感到痛苦却又释怀的子婴明白，咸阳内已经没有多少兵力可以让他拿来抵挡刘邦的大军了。与其做困兽之斗，倒不如做一个顺应局势的明白人。因此，在刘邦给子婴传来劝降的声音时，子婴选择了不抵抗。他以沉重的心情写下了一封回信，信中满载惆怅和无奈，最后以一声悠长的哀叹而结尾。

子婴在当了短短的四十六天秦王后，最终不得不面对让渡权力的结局。这天，子婴用绳子将自己绑缚了起来，坐上由白马驾驶的白色马车，身着死者葬礼所穿的白色装束，然后带着皇帝御用的玉玺和兵符，亲自来到了刘邦军中，正式向刘邦请降。这次请降作为一件具有象征性意义的事件，它宣告了十五年的秦朝历史在这一刻正式终结。而刘邦的接手同样预示着，在秦朝结束了它辉煌的历史之后，另一个姓氏正在中国大地上重建起这份辉煌。

在刘邦的仁义和政治策略之下，子婴在秦国灭亡之后获得了一条活路。但是，历史对于这位可怜的君王不带任何悲悯。就在不久之后，当项羽的大军直入咸阳的时候，整个咸阳将在项羽的暴虐之下被破坏殆尽，而子婴的生命也将随着那被大火吞噬了的咸阳而消逝在茫茫的火海之中。

咸阳，这座代表着秦朝命运的城池，这座见证了秦朝兴衰的城池，在秦朝灭亡之后，终究逃不过同它一样的命运。在一片火海之中，咸阳的身影越来越稀薄，仿佛那祭拜中用来焚烧的纸房子，在一阵炙烤之后，最终化为灰烬，随风而逝。

但是，城池有修复的一天，历史却不会再重来。当日后刘邦着手修复这座城池的时候，他是否想起了在这座城池之上，曾经有一个集各种荣誉于一身的皇帝，他的伟大缔造出了不一样的中华大地，他是否又想起了在这座城池之上，各种自大的暴政正在实行着，当乌云笼罩在这座城池之上时，执政者却还沉溺在自娱自乐的天地里。

秦朝从此消失在历史之中，曾经坐拥了整个天地的一代帝国，最终也逃不开轮回的交替。宿命论是落后的，在为秦朝的灭亡寻找理由时，与其将其怪罪于天，倒不如从秦国的自身以及当时的大环境里去找，只有这样，我们才可以看到更切实的因素。

关于秦朝的灭亡，很明显，它的直接原因是起义军的壮大。陈胜吴广的起义将秦朝的内部隐患直接搬上了台面，当这种起义的规模越来越大时，秦朝的反抗便也显得越来越无力，最后，秦朝灭亡在起义军之手也是理所当然的。但是，若没有任何理由来支持一场起义，那么这场起义便是非正当的，非正当的起义是没办法唤醒群众的心，从而为自己增加追随者的。

陈胜吴广的起义恰得其时，他们的起义之所以能顺利号召起各地英雄，其原因无外乎这场起义充满了正义性。至于这场起义的正义性何在，关于这点，已经有很多前人直截了当地点明了。贾谊在他的《过秦论》里早有提到："一夫作难而七庙隳，身死人手，为天下笑者，何也？仁义不施而攻守之势异也。"这里的"仁义不施"便是赋予这场起义一个正当理由的元素。

没错，秦朝之所以会灭亡，其根本原因还是它所实施的暴政。早在春秋之时，便有人提出了"水则载舟，水则覆舟"的著名政治论题，但是，秦始皇对于孔子明显没有太大的兴趣。作为中国法律始祖皋陶的子孙，而后再有商鞅严法振兴秦国的经历，秦始皇似乎更倾向于律法。当然，律法不可少，但是秦始皇在这方面走得太过，以至于过重的律法反过来制约了秦国的发展，更加深了秦国施法者与受法者之间的隔阂，真是成也律法，败也律法。

除此之外，秦国统治者自身奢侈无度的行为习惯也是给予起义以正当性的原因之一。当秦国的统治者为了一己之私而尽情地压榨着百姓血肉的时候，百姓的反抗便成了理所当然的事了。

当子婴将他的玉玺递送给刘邦的时候，他并不能去怪陈胜这帮人，也不能去怪天下的百姓，他能怪的只能是自己那帮胡作非为的亲戚。正如杜牧所言："族秦者，秦也，非天下也。"（《阿房宫赋》）

秦朝因为自己的暴虐而遭受灭亡的后果，对此，我们并不为之感到可惜。当一个朝代因为自己的罪恶而到了不得不终结的时候，我们能做的就是欢迎另一个清明的执政者到来。但是，有时候，当我们谈起这个曾经在中国大地上如流星一般照亮世界而后倏忽而逝的大帝国时，也会为之感到深深的惋惜。

秦朝，以它曾经的辉煌告诉了世界：在中国的大地上曾经有这么一批人，他们以顽强不懈的野性最终缔造出了令人仰视的成就。秦朝，也以它巨大的影响力告诉了世界：这种毫无畏惧、奋力拼搏的野性从未在中国的大地上消逝，它根植在每一个秦后人的心中，以各种形式显现在当今的世界舞台上！